Architectural Form
건축형태론

Architectural Form

건축형태론

-세기말, 페레, 르 코르뷔지에-

에치고지마 켄이치 지음 | 박정선 옮김

르네상스

Architectural
Form | 차례

서론 : '부분' 으로부터 / '전체' 로부터 : 다섯 동의 주택을 살펴보며

① '구심성' 의 지배 : '전체' 로부터 / 공간구성의 질서

이탈리아 북부의 빈첸차에 있는 안드레아 팔라디오Andrea Palladio (1508~1580년)의 빌라 로톤다(Villa Rotonda, 1567년)를 방문해서 주위를 둘러보면, '생각했던 것과 달리 표정이 풍부한 것에' 놀라게 된다. 정사각형을 9분할한 평면, 완전히 동일한 네 개의 입면, 강한 대칭성으로 일관된 고도로 원형原型적인 성격은 도면으로도 금방 알 수 있다. 그러나 도면만으로 건축가의 의도를 충분히 이해했다 싶어도, 실제 방문해 보면 지형의 변화나 보는 각도에 따라 더 많은 것을 발견하게 된다. 골격은 단순해도 내부와 외부의 각 부분에 다양한 의도가 담겨 있으며, 그것들이 겹쳐져서 건축체험으로 현실화된다. 건물을 실제로 보면서 풍부하고 폭넓은 형태세계를 다시 확인하게 되는 것이다.

건축형태의 특징은 무엇보다도 '크고 복잡하다는' 것이다. 밖에서 보면 조각적이고 안은 '비어 있어서', 즉 안팎의 효과가 질적으로 다르기 때문에, 적어도 양면을 보지 않으면 '전체' 에 접근할 수 없다. 빌라 로톤다처럼 고도로 원형적인 경우에도, 각 부분에서는 다양한 표정과 생각지도 못한 외양外樣이 나타난다. 팔라디오는 방대한 검토와 연구를 거듭했다. 안팎을 둘러보면, 도면이나 사진으로 예측했던 것에 실제 경험한 것이 여러 가지 방식으로 겹쳐진다. 단순한 형태질서에서도 구체적인 지배의 양상은 다양하고, 부분

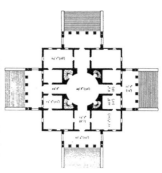

빌라 로톤다(1567년), 외관 / 평면도

의 역할이나 관계도 복잡하다. 예상했던 골격을 수정해야 할 경우도 있다. 이런 것들이 모여, '전체'라고 부를 수 있는 풍부한 종합적 인상이 얻어지고 기억될 것이다. 각 부분에서 이루어지는 많은 체험을 거치고 나야, 비로소 실제적이고 구체적으로 전체를 지배하는 원리가 확인되는 것이다. 건축형태가 크고 복잡한 것에 비해, 도면이나 개별적인 체험은 지나치게 일면적이고 부분적이어서 불완전하다.

빌라 로톤다도 부분적이고 공간적인 경험을 많이 안겨주긴 하지만, '생각지 못한 것'은 비교적 적은 편이다. 눈에 보이는 여러 가지 외양도 전체의 단순한 골격 안에서 쉽게 자리를 잡는다. 사면에 부가된 주랑은 '강력한 중심을 갖는 구성'을 나타내며, 이 구성은 다양한 표정을 정리하는 가이드라인으로서 아주 효력이 크다. 내부에서도 높은 중앙 홀이 체험을 정리하고, 외관에서 예상된 구성 질서를 확인하는 핵으로 작용한다. 다소 과장하자면 안팎 어디에 서 있어도 눈에 비치는 모습은 명료하고 긴밀한 하나의 기본구성을 설명해 준다. 즉 같은 건축 이미지를 공유하는 일부로 이해되는 것이다. 세부 디테일은 이 건축 이미지를 흐리게 하거나 손상시킬 만큼 장황하지 않다. 부분의 독자적인 표정이 지나치게 부각되는 일도 없다. 이 건물에서 얻어진 다양한 시각적 체험은 확산되는 것이 아니라 대부분 단순한 원리로 모아진다. 그 원리는 '공간구성의 특징'이라는 점에 깃들어 있다.

② 밀려나는 '구성질서' : '부분'으로부터 / 식물장식

세기말의 건축가 빅토르 오르타Victor Horta(1861~1947, 17쪽)의 주거 겸 아틀리에(Horta house, 1898년)는 깊이 방향으로 긴 부지에 세워졌기 때문에, 길에서는 정면만 보일 뿐 전체를 예측하기 어렵다. 뒤쪽의 정원으로 돌아가 보면 전혀 다른 외관을 보고 놀라게 된다.

그러나 두 입면의 차이를 납득하도록 만드는 보다 큰 의도를 바로 알아차리기는 어렵다. 양자가 서로 협력하여 전체적으로 유효한 성격을 나타내지 않기 때문이다. 반면 내부에서는 다채로운 장식이나 거울을 대담하게 사용하는 등, 외부에서 짐작하기 어려운 화려한 의장意匠이 연이어져 있다. 덩굴손이나 줄기가 자라나는 듯한 표층이나 부분의 표정으로 인해 실내는 생기에 넘친다. 실제로는 두꺼운 벽 사이 즉 '무거운 물체의 빈 틈'에 머물고 있다는 것을 거의 잊도록 만드는 효과가 지배적이다. 분명 천창에서 쏟아지는 빛으로 가득 찬 계단실은 '수직의 핵'으로서 모든 방을 입체적으로 조직하고 있다.

그러나 방의 배열에 대한 이해는, 난간이나 가구 등의 유려한 곡선이 주는 압도적인 인상으로 인해 뒤로 밀려난다. 기본적인 윤곽이나 공간구성 같이 골격을 이루는 특징은 내부에서 이루어진 체험을 정리할 수 있는 가이드라인이 되지 못한다. 직접 눈에 호소하는 세부 디테일이나 표층의 효과로 인해,

오르타 자택(1898년), 정면 외관 / 정원측 외관

'식물적 형태의 세계에 들어왔다' 는 인상이 앞서게 된다. 공간구성이 완전히 다른 건물이라도 실내 의장이 여러 부분에서 동일하다면, 유사한 인상을 남긴다고 할 수 있다.

조적조組積造의 무거운 벽으로 둘러싸인 건물이라는 점은 앞에서 살펴본 빌라 로톤다와 마찬가지이지만, 여기는 훨씬 '예측하기 어려운' 효과로 가득 차 있다. 전체가 '하나의 원리로 수렴된다' 는 것과 대조적으로 '확산적' 인 기억을 남기는 것이다. 다양한 부분에 공통되는 '식물적 형태에 대한 신뢰' 가 지배적인 특징이며, 이를 기본으로 해서 풍부한 표정이 많이 나타난다고 하는 편이 정확할 것이다. 문자 그대로의 의미에서 '확산적' 이라고 하기는 어렵지만, 전체적으로 빌라 로톤다와 질적으로 다른 이해와 기억을 남기는 종류의 작품이라고 할 수 있다. 양자를 비교해보면, 전체를 골격으로 이해하는 것이 우선되는 것인지, 눈에 개별적으로 기억된 것을 집적한 효과가 우선되는 것인지에 따라 차이점이 드러난다.

파울 프랑클은 『건축형태의 원리』* 에서 '건축을 본 후에 남는 이미지' 를 다루었다. 르네상스 시대는 '하나의 이미지' 로, 바로크 시대는 '다수의 이미지' 로 규정하면서, 양식을 구별하는 지표 중 하나로 삼았다. 전자는 빌라 로톤다처럼 눈에 보이는 여러 가지 외양이 전체 골격의 특징을 통일적으로 이해하는 것으로 수렴되는 경우를, 후자는 오르타 자택처럼 쉽게 전체를 설명해 줄 수 없는 수많은 이미지가 집합된 경우를 말한다. 건축을 보고 다닐 때 느끼는 법, 또는 충분히 보고 난 뒤에 남는 인상이나 기억에는 적어도 두 가지 유형이 있다는 것을 알 수 있다. 이것은 '건축형태의 전체' 나 '부분의 의미' 를 구체적으로 생각할 때 단서가 되는 대비항이라고 할 수 있다.

③ '공간 이미지' 의 힘 : '부분' 으로부터 / 통합작용

"도시에서 '전체' 라는 것은 상상력 속에 있다"라는 말이 있다. 지리적 경계로 확인할 수 있는 종류의 전체는 실제 체험으로 연결되기 어렵다. 예를 들어 도쿄의 이곳저곳을 걸어 다니면, 많은 인상이 쌓이면서 공간의 특징이 정리된다. 객관성이나 엄밀함은 부족해도, 현실의 생기 있는 모습이 집약되어, 도시의 체험적인 진실을 반영하게 되는 것이다. 교토와는 다른 독자성도 구별될 수 있다. 여러 가지 장소에서 얻은 무수한 인상 중에서 골라내고, 연관시켜 기억하는 작용은 상상력이 담당하는데, 실제로 상상력이 재구성하는 것은 '전체' 라기보다 '전체 이미지' 라고 할 수 있다.

건축에서도 안팎에서 이루어지는 많은 체험을 통해 생생하게 살아 있는 인상이 정리된다. 회화에서도 거리 등에 따라 눈에 보이는 외양이 달라지고 다양한 이미지가 집적되기는 하지만, 전체의 골격을 한눈에 거의 파악할 수

---

* Paul Frankl(1879~1962), 『건축형태의 원리』 (김광현 옮김, 기문당, 서울)

오르타 자택(1898년), 내부

있기 때문에 '예상치 못한 외양'은 훨씬 적다. "공간의 체험이나 감동은 말로 표현할 수 없다"거나 "건축에서 전체는 글로 서술할 수 없다"는 것은 분명히 맞는 말일 것이다. 그러나 어떤 건물 전체가 얼마나 독자적인가는 그것이 '이미지'로서 어느 정도의 가능성을 갖는가에 달려 있다. '전체'에 도달할 수 없기 때문에, 이를 요약한 '전체 이미지'를 통해서만 접근할 수 있는 형태세계가 건축에서는 큰 몫을 차지한다. 바로 여기에 창작으로 연결될 수 있고, 리얼하고, 신뢰할 만한, 소위 유효한 형태적 계기가 집약되어 있다.

　수학자인 히로나카 헤이스케는 "이론을 만드는 과정에서", "정원 만들기의 이미지를 염두에 두면서", "골라 심은 나무들이 늘어서 있는 숲의 느낌을 유추할 수 있다면, 생각하기가 아주 쉽다"고 말한다. "인간의 사고라는 것은 비약하지 않으면 의미가 없다" "수학 이론도, 눈과 귀를 사용하여 감각을 키워 온 인간이 만들기 때문이다" "컴퓨터에게 시킨다면 몇십 년 걸릴 이론을 한 순간에 하나의 이미지로 포착한다" "그때 정원이라는 것도 무엇인가 다른 정원의 이미지에서 도움을 받는 것이다"라고 말한다.*

흩어진 단서를 통합하고 보다 높은 가치를 갖는 전체로 비약할 때, 현실의 체험에 근거를 둔 구체적인 공간 이미지가 결정적인 도움이 된다는 의미로 이해할 수 있을 것이다. 가장 추상적이라 할 수 있는 수학 이론을 만들 때에도, 현실감을 동반한 공간적 상상력이 큰 역할을 담당한다. 그가 교토의 정원을 정확하게 기억하고 있었다기보다, 자신의 사고로 아주 적극적이고 구체적인 공간 이미지를 길러 낸 것이라고 해야 한다. '통합하는' 것이 '공간적'이라면, 여러 전문가가 각각의 독자성에 따라, 효과적으로 비약하고 통합하는데 가이드라인이 되는 공간적 계기를 의식적으로 기를 수 있을 것이다. 우리가 예술적 체험과 창작을 적극적으로 연관시키는 단서도 여기에서 찾을 수 있다.

④ 단련된 상상력 : '부분'으로부터 / 단편을 연결시키는 것

중국 중세의 산수화가가 현실의 자연미로는 필적할 수 없는 무념의 경지에 오른 후에 생애를 마감했다. 세월이 흘러 다른 화가가 그의 초막을 찾았는데, 백골과 함께 풍화된 비단이 남아 있었다. 먹칠도 지워지고 구멍이 뚫린 화면이었지만, 붓의 흔적을 필사적으로 응시하자 어떤 풍경이 서서히 나타났다. 이때 그의 마음에 떠오른 이미지에는 자연의 산수가 결코 담을 수 없을 독특한 박력과 존재감이 살아 있었다. 이 이야기는 '아쿠타가와의 재림'이라고 평가받았던 미우라 슈몽의 소설 『명부산수도』(1951년)의 줄거리이다.**

---

* 広中平祐, 池田満寿夫, 『수학과 에로티시즘』(講談社, 1977)
** 현대문학의 실험실⑦, 『三浦朱門集』(大光社, 1969) 〈아쿠타가와 류노스케(芥川龍之介, 1892~1927년)는 일본의 천재적인 소설가로, 요절한 그를 기려 제정된 아쿠타가와상은 일본에서 가장 유명한 문학상이다. 미우라 슈몽(三浦朱門, 1926~)의 『명부산수도』에서 명부는 불교용어로 사람이 죽은 뒤에 심판을 받는 곳을 말한다. 역자 주〉

비바람에 바래지고 손상되어 알아보기도 어려워진 화폭에서 빈약한 단서들을 적극적으로 끌어 모아 재창조된 전체 이미지는, 원래 풍경과도, 본래 작자의 의도와도 다른 것이었을 것이다. 그러나 여기에는 자연미와 구별되는 예술미가 자립할 수 있는 세계가 상징되어 있다. 단순히 '미완성의 독자적인 생성효과'에 가깝다고 말하는 것으로는 불충분하다. 고도의 예술적 긴장을 자주 기억하고, 매일 그것에 가까이 가려는 노력을 반복해 온 전문적 화가였기에, 허구적 풍경이 자립하는 수준 높은 지점을 포착할 수 있었던 것이다. 보통 사람들에게는 흩어져 보이는 단편을 연관시켜, 전체적 긴장이 머무는 곳을 감지하는 것은 거의 공간적 재창조라고 할 수 있다.

예술작품에서 초보자와 전문가는 서로 다른 것을 얻는다. 공간적 비약을 개입시킨 '상상력에 의한 재창조'라는 측면이 강한 건축에서는 그 차이가 더욱 크다. 건축가는 직접 나서서 실현하기보다는, 항상 상상력 속에서 전체 구상을 반복한다. 건물을 볼 때에도 전문가로서의 '재창조'적 비약을 이루는 부분이 핵심적 의미를 지닌다. 작품을 보는 것 자체가 창작적 의미를 갖는 점은 어떤 분야에도 뒤지지 않는다. 형태적 상상력이 얼마나 단련되었는가에 따라 얻게 되는 전체 이미지도 현저하게 달라진다. 화가가 끊어진 먹의 흔적에서 독특한 풍경의 생명을 느낄 수 있었던 것처럼, 건축가는 아주 세부적인 것에 대한 판단까지도 전체 이미지로 승화시킬 수 있는 능력을 제고시켜야 한다.

흩어져 보이는 단편을 정리해 가는 계기, 보다 높은 독자성에 가까이 다가가는 단서에 창작적 긴장이 깃들어 있다. 그것을 포착할 수 있다면, 창작과 체험의 공통기반이 될 수 있을 것이다. 이 공간적이고 통합적인 비약을 구체적으로 풍부하게 실감하는 것이야말로 결실이 풍부한 창작에 도움이 될 것이다. 도시의 전체 이미지는 너무 불확실하다. 그러나 건축에는 건축가가 품

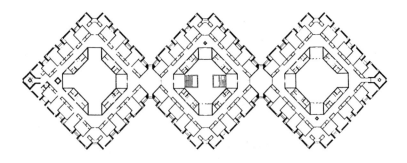

칸, 브린모어 대학 학생기숙사(1965년), 평면도

었던 전체 이미지가 있다. 설계 과정에서 이루어지는 방대한 형태적 판단은, 명료하게 의식되지는 않지만 전체에 연관된 어떤 의도를 배경에 깔고 있다. '전체 이미지', '형태적 상상력' 이라는 말은 애매하지만, 그런 비약을 엿볼 수 있게 만든다. 전체를 실감하도록 만드는 단서는, 명석한 법칙이나 구성, 원리에만 국한되는 것이 아니라, 어떻게든 정리된 상태를 직관하도록 만드는 계기를 모두 포함하는 것이다. 형태론이 반드시 좁은 의미의 객관성에 의해서만 진행되지 않는 것도 그 때문이다.

⑤ '중심' 과 '축' : '전체' 로부터 / 반복된 질서

브린모어 대학 학생기숙사(Erdman Hall, Dormitories for Bryn Mawr College, 14쪽, 1965년)는 구심형인 정사각형 단위 세 개가 대각선 방향으로 접속된 평면으로 되어 있다. '세 개의 빌라 로톤다가 이어진 것' 으로도 보인다. 건축가 루이스 칸 Louis I. Kahn(1901~1974년)을 잘 이해하고 있는 빈센트 스컬리는 이 건물이 '유니테리언 교회의 자매' 라고 말한다. 개실로 사방을 둘러싸고 중앙에 공유공간을 두는 구성이 유사하고, '지붕의 거대한 채광통과, 둘러싸는 외벽의 자잘한 요철의 대비'가 외관의 특징이라는 점도 비슷하다. 돌출된 중앙과 둘러싸는 것이 스케일의 단절에 의해 명쾌하게 정리된 인상을 준다는 점도 공통적이다. 브린모어 학생기숙사는 밖에서도 안에서도 "평면계획을 거의 예상할 수 없다." 외관은 회색의 슬레이트 판과 콘크리트로 된 좁은 프레임으로 되어 있다. 프레임은 기둥이나 보라기보다 "따라 두른"＊ 것에 가깝다. 구심형 평면에 대한 암시도 희박해서, 직교축이 강력하게 중심형을 시사하는 빌라 로톤다처럼 명쾌하지 않다. 구축체로 보나 평면형으로 보나, 외관은 완결이나 폐쇄에서 비롯되는 강한 형태의 인상과 거리가 멀다. 긴밀하지 않은 요소들이 느슨하게 연결되어 있을 뿐이다. 수평선이 강조되어서, "고립된 기둥들 사이에, 회색의 면이 꺾여지면서 가볍게 연속되어 있다"라고 할 정도로, 눈이 편안하게 미끄러지는 효과를 낸다. 평면을 지배하는 긴밀한 구성 질서가 외관에서는 후퇴한 것으로 느껴지고, 오히려 반대로 수평방향의 느슨한 흐름이 강조되어 보인다.

내부에서도 개별적 구심형 질서는 상상하기 어렵고, '긴 직선상의 통로를 따라 3개의 홀이 있는' 선형 구성이 인상적이다. 단련된 전문가라도, 내부에서 경험한 것을 바로 평면도에 겹쳐보기는 어렵다.＊＊

3개를 연결하였기 때문에 '통로=축'이 각 단위의 구심성보다 경험을 정리하는 데 더 우선적인 효과를 지니게 된다. 따라서 평면, 외관, 내부라는 각 장면에서 이해되는 형태는 서로 일치하기 어려워서, 그들이 하나의 유형을 설명하는 것도 아니고 그렇다고 대비를 주장하는 것도 아니라는 것을 알 수

＊ Vincent Joseph Scully(1920~), 국제건축 (1967년 1월호)
＊＊ 고야마 히사오(香山壽夫, 1937~) 교수의 강의에 따름.

칸, 브린모어 대학 학생기숙사(1965년)   칸, 유니테리언 교회(1963년)

있다. 오히려 각각 다른 형태세계를 환기시키고 있는 것으로 보일 정도이다.

평면도는 종이 위에서, 외관은 조각적으로, 내부는 보이드를 통해 접근하기 때문에, 형태를 드러내는 방식이 기본적으로 다르고, 각 장면에 상응하는 정리나 단순화하는 방식도 다르다. 우리가 건축형태를 이해하고 기억하는 능력이 불완전하다기보다는, 그들 사이의 '차이'가 서로 자극하여 창작에 활기를 불어넣고 풍부하게 전개되도록 촉진하는 것으로 생각하는 것이 좋겠다. 단순한 정합성에 따르지도 않지만, 그렇다고 제멋대로도 아닌 이미지들을 남기는 하나의 단서라고 할 수 있다. 다면적이고 환기하는 힘이 서로 다른 이미지들은, 독자적인 전체 이미지를 시사하게 된다. '방대한 집적'만으로는 결실이 풍부한 고찰로 이어지기 어렵다. 지나치게 일면적인 단순화를 벗어난, 유효한 정리 방법이어야 창작적으로도 의미를 갖는 것이다.

⑥ 설계과정의 압축 : '전체'로부터 / 진폭의 양상

브린모어 대학 학생기숙사에는 구심성과 축성이라는 두 가지 특성이 있다. 평면도에서는 전자가 지배하고, 내부에서는 후자가 우위에 서서 체험을 정리한다는 인상을 준다. 이렇게 양자가 서로 경쟁하는 것은 설계과정상의 스케치들에서도 찾을 수 있다. 초기 안을 살펴보면 부분적으로 구심형도 나타나지만, 지형에 따라 꺾이는 통로가 바탕 골격임을 알 수 있다. 전체가 강력하게 완결되는 것이 아니라, 오히려 주변으로 흐트러지는 효과가 지배적이다. 이와 대조적으로 평면 전체가 중심을 크게 둘러싸는 안도 있다. 다카 국회의사당(National Assembly in Dacca, 1983년)은 이 방향의 구성이 구현된 작품이라고 할 수 있다. 두 가지 안은 '주위의 대지에 몸을 맡기는 것' 과 '스스로 닫아 주위에 대하여 고립되는 것' 이라는, 건축 전체가 만들어 내는 효과의 양극단을 보여 주며, 여기에서 서로 다른 설계 프로세스의 진폭이 구체적으로 어떤 양상인지도 엿볼 수 있다. '구심형' 이 '작은 질서' 또는 '큰 질서' 가 되고, 부분과 전체라는 대조적인 양상을 취하여, 상상력을 전개시켰다고 볼 수 있다.

이렇게 해서 앞 페이지에서 설명된 '서로 일치하기 어려운 복수의 외양' 즉 평면도를 지배하기 쉬운 효과와 실제 인상을 지배하기 쉬운 효과가 서로 어긋나는 것은, 결코 제멋대로여서 그런 것이 아니라, 두 종류의 질서가 서로 경쟁하는 것이 기본이기 때문이라고 이해할 수 있다. 이처럼 다른 가능성을 갖는 복수의 국면을 계속 검토하여 전체를 그리는 것이 설계이다. 그리고 최종적으로 평면에서 가장 명료하게 느낄 수 있는 '구심적 단위', 외관을 지배하는 '요소군의 완만한 연속', 게다가 내부에서의 인상을 지배하는 '통로로 조직되는 공간' 은 각각 설계과정을 진행시키는 극점들이다. 상상력 가운데 머물던 서로간의 경쟁이, 평면이나 외관 등과 같이 눈에 보이는 외양에 서로 다른 방향을 설정해 준다. 이런 줄다리기로 인해 독자적인 풍부함이 의도될 수 있는 것이다. 보는 사람에게 전체 이미지로 남는 복잡함은, 이 과정의 집

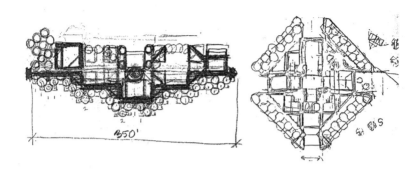

칸, 브린모어 대학 학생기숙사(1965년) 설계과정의 두 가지 스케치

약 혹은 압축이라고 해야 할 것이다. 여러 단계에서 이루어진 기억을 감지할 수 있다면, 건축가가 어떻게 상상력을 전개했는지를 엿볼 수 있다. 창작과정이란 중간의 검토안을 완전히 버리고 다른 가능성으로 옮겨가는 것이 아니다. 다양하게 전개된 상상력은 남겨지고, 집적되어, 최종적으로 독자적인 풍부함을 낳는 하나의 계기가 된다.

　여기에서 '전체 이미지가 창작적이다' 라는 말이 구체적으로 무슨 의미인지 알 수 있다. 양자 모두 형태적 상상력으로 인도되는 이상 분명히 무엇인가 유효한 틀을 공유한다. 그것은 설계과정에서 얻은 시행착오와 많은 체험을 전체 이미지로 통합하는 공통기반인 셈이며, 또한 형태론을 창작론적으로 구상할 때의 단서이기도 하다. 전문 건축가로서 작품을 본다는 것은 건축가의 상상력이 어떻게 전개되었는가를 압축하여 감지하는 것이다. 그것이 가능한 것은 바로 통합적인 동시에 다의적인 '공간 이미지' 혹은 '전체 이미지' 덕분이다.

⑦ **지나치게 보이는 질서 : '전체' 로부터 / 구축체의 지배력**

　미스 반 데어 로에Mies van der Rohe(1886~1969년)의 50×50 하우스(1951년)는 명칭대로 한 변이 50피트(약 15m)인 정사각형 평면으로 되어 있다. 측면이 모두 유리이기 때문에, 네 개의 H형 기둥이 정사각형의 수평판을 지지하는 모습만이 압도적으로 전체의 인상을 결정한다. 이 강력한 주역과 비교하면, 내부 생활에 대응하는 칸막이나 가구는 낮게 눌려서 조연처럼 보인다. 건축에서 필수적인 '구축의 요청'과 '생활의 요청'이 스케일상으로 단절되어 눈에 띄게 우열관계를 조성하고 있다. 물론 판스워드 주택(Farnsworth House, 1950년) 등 유사한 다른 작품과 마찬가지로, 광대한 부지 안에 담이나 나무로 보호되기 때문에, 극단적인 투명성이 가능한 것이다. 건축만 보자면 주택으로 일반화시키기는 어렵지만, 주거이기 이전에 건축 이미지의 전형으로서는 근대양식의 가능성을 상징한다. 전체가 유리로 되어 있어서 '구축체만으로 지배'되는 것을 극단적으로 구현하고 있다. 과거의 '무겁게 닫힌 공간 이미지'에 비해 내부와 외부의 차이가 극소화되고 무엇보다 '확장'이 지배하기 시작한다.

　미스의 작품이 상징하는 투명한 건축 이미지는 무엇보다 '내부와 외부를 한눈에 파악'하도록 만든다. 50×50 하우스는 오르타 자택(9쪽)보다는 빌라 로톤다(7쪽)와 닮은 것이다. 정사각형을 기본으로 하며, 네 개의 입면이 동등하고, 단순한 질서가 전체를 지배한다는 점에서 그렇다. 그러나 빌라 로톤다에서는 안이 들여다보이지 않기 때문에, 들어가 보지 않으면 '전체'를 이해할 수 없다. 50×50 하우스에서는 단순한 구축체가 내부까지 지배한다는 것을 밖에서도 충분히 알 수 있다. 또한 전자의 내부에서는 미처 생각지 못한 것이 발견될 수도 있다. 후자에서 내부와 외부의 체험은 하나의 기본형식으로 정리되어 외관에서 한눈에 이해되기 때문에 의외의 효과는 매우 적다. 두

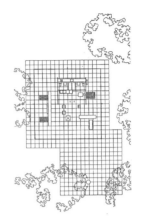

미스 반 데어 로에, 50×50 하우스(1951년), 모형 외관과 평면도

작품 모두 원형성이 높지만, 차이는 크다.

　건축형태를 '전체 이미지의 단순함' 이라는 평가기준으로 본다면, 내부와 외부의 지배적 특징이 겹쳐져서 '한순간에 이해할 수 있는 것' 이 한쪽 끝을 차지할 것이다. '내부 공간을 들여다볼 수 있다' 는 것을 넘어서서 '통합원리까지 들여다볼 수 있다' 는 것이다. 과거부터 건축 이미지가 갖고 있던 한 가지 원형적 성격이, 근대의 투명성에 의해 철저해졌다고 할 수 있다. 극히 단순한 형식으로 지배되고, 내부와 외부의 여러 체험이 그 질서에 종속되어 있으면, 전체 이미지는 아주 단순하고 안정된 것이 된다. 인상을 그려 보라고 한다면, 누구나 거의 같은 골격을 그릴 것이다. 쉽게 '보편적인 미' 라고 이해할 수 있는 형태세계이다. 미스가 여러 가지 기능에 대하여 같은 기본을 반복한 것은, 이 극단적인 성격을 다양하게 확인한 것이라고 할 수 있다. 반면에 오르타 자택은 이와 대조적으로 시간에 의해 변하는 표정의 진폭도 크고, 부분은 지배되지 않는 자유스러움을 보여주며, 완전히 다른 종류의 생동적인 인상을 준다.

⑧ '무거움에서 벗어나는 것' : '부분' 으로부터 / 기둥과 장식

아테네의 에레크테이온 신전(Erectheion, 기원전 421~405년) 기둥은 여성
상 조각이며, 비엔나의 벨베데레 궁전(Belvedere Palace, 1716년) 입구의 기둥
은 근육과 골격이 늠름한 남성상이다. 기둥에 사람의 모습을 겹치는 상상력
은 일반적인 것이고, 고전적 오더도 여러 가지 연상을 통해 설명되었다. 다소
굵고 세부 디테일도 간소한 도리스식은 헤라클레스를, 가늘고 섬세한 코린
트식은 비너스를 연상시킨다는 식이다. 고전적인 열주 하나에서 인간적인
의미를 포착한다면, 그 실감이 전체에 대한 '지속적인 미'로 고양되는 체험
도 가능할 것이다. 단순한 '돌덩어리'라는 것을 넘어서서, 부분에 대한 신체
적 공감을 전체로 고양시키는 실감이야말로 전체 이미지의 핵심이다.

기둥이나 그 외에 아무 것도 없이 두꺼운 벽으로만 둘러싸인 실내에서는,
돌덩어리의 압도적인 존재감이 밀려들어서, 거대한 물체 사이에 끼어 있다
고 느끼게 된다. 공감할 수 있는 부분을 찾을 수 없고, 자신의 위치를 파악하
는 단서도 부족하고, 공간은 낯설어진다. 오르타 자택에서 볼 수 있듯 식물장
식은 생명으로 충만한 표정으로 인해 눈길을 끌고, 배후의 무거운 벽의 존재
를 잊게 만든다. 세부 디테일을 생생하게 느낄 수 있다면 공간 전체는 자유로
충만한 별세계로 여겨질 것이다. 표층의 의장, 그것도 건축 본래의 부자유스
러운 무거움에서 벗어나려고 하는 듯한 장식은, 오히려 우리를 감싸는 공간
에 속한다고 생각된다. 거대한 돌덩어리에 감정이입하는 것은 어려워도, 표
층에서 성장하는 생명력에는 신체적으로 쉽게 공감할 수 있다. 휘어진 덩굴
이나 줄기가 펴지는 효과는, 세부 디테일이나 표층을 따라 눈이 미끄러지도
록 만들고 실내 전체의 상승감을 불러일으킨다. 고전적인 기둥의 경우와 마

에레크테이온 신전(기원전 5세기)　　　　벨베데레 궁전(18세기)의 입구 홀

찬가지로 여기에서도 '깊게 실감한 부분'이 고양되는 체험을 할 수 있다. 이것들이 집적되어 상상력 속에서 소용돌이친다. 오르타 자택에서 풍부하게 나타났던 다소 확산적인 기억은 이와 같은 효과로 가득 차 있다.

　제각기 흩어져 있는 많은 것들이 전체 이미지로 향하는 것은, 즉 확실하다고 느끼면서도 각각 부분적이거나, 일면적인 것에 머물거나, 어슴푸레해 보이던 '불완전한 단편'이 보다 큰 가능성 안에서 정리되어 확인되는 것은, 창작과 마찬가지이다. '불완전한 확실함'이 보다 높은 '전체적인 독자성'을 향하는 과정에서, 예를 들어 '부분과 전체의 관계'가 통상적인 구성적 이해 등을 넘어선 적극적 특징으로 나타나게 된다. 그리고 기둥이나 장식 등에 대한 깊은 신체적인 공감이 보다 큰 형태세계로 확대되어 가는 실감은, 상상력이 가장 생생하게 고양되는 순간이기도 하다. 부분을 통해 깊게 실감하고 공간적 이미지를 끌어들여 전체 이미지까지 엿보게 되는 것은, 바로 창작적 비약의 핵심에 가깝다. 현실에서 체험한 기억의 에센스가 핵이 되어 생생한 전체 이미지가 통합되는 것처럼, 창작에 있어서도 부분을 통합하는 구체적인 계기와 거기에 끼어드는 인간적이고 신체적인 실감이 풍부한 성장과 전개를 보증하는 것이다.

⑨ 운동하는 공간 / 부푼 공간 : '부분' 으로부터 / 체험적인 것

르 코르뷔지에Le Corbusier(1887~1965년)의 초기 주택 두 가지를 살펴보자. 숙련공의 집(Maisons pour artisans, 1924년)은 소규모이며 대량생산이 가능한 것이다. 외관은 단순하고 눈에 띄는 특징이 별로 없다. 후에 지어진 슈타인 주택(Villa Stein, 172쪽, 1927년)이 갖는 풍부한 표정과 달리, 재미없는 상자형으로 보인다. 그러나 코너의 입구에서 안으로 들어서면, 대각선 방향으로 전개된 공간이 단숨에 덮쳐오고, 우리는 그 운동에 끌려들어간다. 가벼운 쇼크마저 느낄 정도이다. 한 변이 7m인 정사각형 평면에 약 10m의 대각선이 나타나는데, 건축가도 "예상치 못했던 스케일이다"라고 썼다. 문 2개, 기둥이 1개인 이 절제된 계획안에서 "내부와 외부가 대비적 성격을 주장한다"는 것이 인상적이다. 그러나 외관과 내부가 완전히 달라서 '놀라움' 만 남긴다는 말은 아니다. 보통 예상할 수 있는 것과는 다르지만, 정사각형 평면에서 추출된, 즉 직접적으로 파생된 형태의 특징을 갖고 있다. 어느 정도 필연성도 갖는, 즉 의도적이고 정리된 효과라고 할 수 있다. 단순하게 의외성을 겨냥한 것을 넘어서 치밀하게 고심한 인상도 줘서, 전문가들이 "이런 것도 있었군!" 하고 생각하게 만든다.

예술가의 집(Maison d'artiste, 30쪽, 1922년)의 외관은 다소 곡률이 크고 완만한 원호가 특징적이다. 보통보다 훨씬 낮은 아치는, 반원형으로 높게 솟은 것도 아니고 원통형으로 덮인 것도 아니며, 오히려 평탄한 지붕이 다소 부풀어 변형된 결과처럼 보인다. 도로에서 몸을 구부리고 들어가야 하는 문도 닮

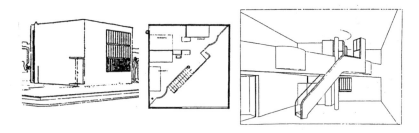

숙련공을 위한 대량생산 주택(1924년)의 외관, 평면도, 내부

은꼴로 되어 있어서, 같은 윤곽이 반복된 것 같은 인상을 준다. 입구 외에는 개구부가 없고, 거의 이 지붕만이 외관의 인상을 지배한다. 내부로 들어가 최상층에 있는 아틀리에의 천정을 보면 이를 종합적으로 이해할 수 있다. 즉 완만한 원호 형상의 지붕은 내부공간이 부풀어 밀어올린 결과인 것이다. 밀도 높은 공간이 임신한 듯 팽창하여 지붕을 낮은 아치 형상으로 변형시킨 탓이라는 것을 실감할 수 있다. 내부와 외부의 특징이 서로를 설명하면서 하나의 공간 이미지를 드러낸다. 천정의 일부를 더 위로 밀어올린 창은, 확대되는 공간의 의지를 보다 강조해 준다. 철근 콘크리트 기둥을 사이에 두고 이중으로 된 두꺼운 벽도, 내부를 강력하게 옥죄어서 위로 밀어올림을 부추기는 듯하며, 전체를 일관된 것으로 이해하도록 돕는다. 정면 외관에서는 현저하지만 다소 어중간하게 걸쳐있던 지붕곡선의 전체적인 의미가, 내부 공간을 체험할 때 확인되는 것이다. 내부와 외부의 정합적인 이해에 기초를 둔 현저한 공간 이미지가 긴밀한 통합효과를 만든다. 여기에는 자신을 포함하고 거의 자신을 연장시킨 것과 같은 공간이 주장되며, 전체 이미지의 핵으로 고양되는 실감이 포함된다. 상상력의 비약 즉 전체 이미지로 향하는 계기는 표층이나 부분에 속하기보다는 직접적으로 공간적인 것이다.

⑩ 확대되는 실감 : '부분' 으로부터 / 창작의 긴장이 머무는 곳

쯔게 요시하루*의 '외부의 팽창' 은 외부공간이 유리창을 깨고 내부로 침입해 오는 장면에서 시작한다. 밖을 향해 주장하는 수단이 되어야 할 창에서, 반대로 외부가 밀려들어 온다. 하얀 부정형의 존재가 실내를 압박하고 있는 화면에서는, 우리를 둘러싼 공간의 외피가 침범당하는 데서 오는 실감과 공포가 전해진다. '불안신경증' 이라는 지병을 앓았던 쯔게는 "자신이 존재하는 것이 불안" 한 것이라고 썼다. 네가티브하게 묘사된 공간 이미지는 작가의 설명 이상으로 설득력을 갖는다. 예술가의 집(30쪽)과는 정반대의 분위기이다. 자신의 외피가 '부푼다' '밀린다' 라는 실감은, 소위 살아 있는 공간의 존재감을 느끼고, 여기에 감정을 이입할 때 구체적 단서가 되는 두 가지 전형이라고 할 수 있다. 이렇게 양극을 설정하고 나면, 그것이 작용하는 양상을 다양하게 예측할 수 있다.

크고 복잡한 건축을 한 번에 실감할 수는 없다. 거대한 구축체나 벽은 밀실한 물체의 세계에만 갇혀 있는 것처럼 보인다. 반면 자신을 둘러싼 신변의 것, 공감하기 쉬운 부분, 이쪽에 속하는 것 같은 표층, 몸으로 느끼는 운동감 등 작고 친밀한 체험이 단서가 되고, 그들이 확대 성장된 감각이 핵이 되어, 전체를 생생하게 이해할 수 있게 되는 경우가 많다. 창작도 이와 비슷하다. 전체 이미지를 파악하여 실감할 수 있도록 만드는 계기를 활용하면, 체험과 창작을 적극적인 의미에서 연결시킬 수 있을 것이다.

예술가의 집은, 언뜻 볼 때 흩어져 보이는 부분에 대한 체험을 정리하여 기억에 남도록 하는데 핵심이 되는 공간적 상상력의 작용을, 거의 도식적이라 할 만큼 단순하게 집약시킨 것이다. 신체적으로 공간 그 자체와 일체가 되

＊つげ義春(1937-),『夢の散歩』(日本文芸社, 1981년) 〈쯔게 요시하루는 일본 예술만화의 기수이다. 역자 주.〉

쯔게 요시하루의 '외부의 팽창'

는 감각도 긴밀하고 종합적이다. 특히 실내 전체가 외부에 대해 자기주장을 하는 효과에서는, 보다 적극적으로 감정을 이입할 수 있고, 건축가의 창작적인 고양까지도 엿볼 수 있다. 반면 밖에서 밀려드는 공간 이미지는, 생각해 볼 수 있는 극단적 모습으로 이해는 되지만, 그 자체만으로 건축을 지배하기는 어렵다. 하지만 예를 들어 내부와 외부가 서로 밀어내는 구상 같은 것과는 연결된다. 또 내부와 외부가 완전히 같은 모양으로 균질하다고 느껴진다면, 자신을 둘러싼 공간만을 특별한 존재로 실감하기는 어렵기 때문에, 별도의 통합 계기가 필요해진다.

건축형태가 낳는 가능성의 최대치라고 할 수 있는 전체 이미지를 기억하고 떠올리려 할 때, 공간적인 실감이 끼어드는 것이 건축의 독자성이라면, 그것은 창작에서도 마찬가지이다. 통합의 핵이 되는 공간 이미지 안에는, 그 밀도나 팽창 등을 실감하는 인간도 포함된다. 건축을 구상할 때, 공간과 일체가 된 자신까지 끼어 넣어서 전체 이미지를 그리면, 보다 생생하고 확실한 실감을 포함하게 되어 더욱 강인해질 것이다. 친밀한 신체적 공감으로 상징되는 '실감되는 부분이나 표정'에 그치지 않고, '확대나 성장'을 인식하려는 인간의 태도 덕분에, 경험과 창작의 공통기반이 구체화된다.

⑪ '전체의 지배력'과 '부분의 환기력' : '전체'로부터 / '부분'으로부터

50×50 하우스(20쪽)는 한쪽 끝까지 밀고나간 예이다. 내부와 외부를 동시에 지배하는 단순하고 강력한 골격의 특징을 구체적으로 추출할 수 있다. 나중에 보게 될 오귀스트 페레August Perret(1874~1954년)로 상징되듯이, 이 극한에 도달하는 과정에 위치하는 건축 이미지가 많다. 그러나 벽이나 창과 같은 중간적인 단서가 없으면 건물 전체를 실감나게 파악하기는 곤란하다. 확실히 칸막이나 가구는 몸에 보다 더 가까운 공간을 만들고, 보는 사람에게 있어야 할 장소를 가르쳐 준다. 그러나 이들과 구축체 사이의 긴밀한 관계가 희박하다면, 전체 안에서 제자리를 잡았다는 실감을 얻기 어렵다. 내부와 외부가 균질해 보이고, 중간단계에서 공간적으로 정리된 느낌도 없다. '물체'가 만드는 질서에 의해 '전체가 지배하는 힘'만이 철저해지고, '부분'에서 비롯된 상상력을 전체로 연결시키고 고양시키는 계기가 없는 상태가 된다.

이와 반대쪽 끝에는 오르타 자택(11쪽)처럼 '부분'으로부터 비롯된 주장들이 넘쳐서 '전체로부터 비롯된 지배'를 어렵게 하는 예가 자리 잡는다. 생생한 표정으로 충만한 개별적 난간이나 꽃모양에 대해서는 활기찬 대화나 풍부한 감정이입도 가능하며, 구석구석에서 친밀함도 느낄 수 있다. 19세기 말이야말로, 전체 이미지의 골격이 될 수 있는 구축체나 벽이 보여 주는 형태 세계로부터 벗어나기 위해, 부분이나 표층처럼 '눈으로 보고 믿을 수 있는 것'을 우선 추구한 시대였다. 남겨지는 인상은 제각기 풍부해도, 확산적이고

> **• 건축형태의 '전체' : 다섯 동의 주택**
>
> 1. '전체로부터' 비롯된 형태적 특징이 내부와 외부를 모두 지배
>   - ① 구축체의 형식에 의한 지배 (공간의 특징보다 물체로서의 질서가 우위) ── 50×50 하우스
>   - ② 공간구성에 의한 지배 (공간 자체의 존재감보다 구성질서가 우위) ──────── 빌라 로톤다
>
> 2. '내부와 외부의 관계성' 이라는 특징이 지배적인 경우
>   - ① 외관의 특징과 내부의 차이나 의외성에 의해 특징지어지는 전체이해에 도달한다
>   ── 숙련공의 집
>   (내부에서 얻은 공간적 인상이, 내부와 외부를 정합적으로 설명하는 계기가 되지 않고, 오히려 대비되는 것으로 이해시킨다)
>   - ② 외관의 특징이 내부의 체험에 의해 설명되며, 정합적인 전체에 대한 이해에 도달한다
>   ── 예술가의 집
>   (공간의 존재감으로서 얻어지는 특징이 내부와 외부를 서로 설명하는 계기가 되어, 전체의 정합적 이해를 촉진시킨다)
>
> 3. '부분으로부터' 비롯된 (내부와 외부를 포함한) 다수의 이미지들에서 적극적인 관계를 발견할 수 없다 ── 오르타 자택
>   (부분적으로는 공간의 운동, 존재감을 느끼지만, 그 이상의 큰 의미와 연관되기는 어렵다)

적극적인 관계를 파악하기는 어렵고, '다수의 이미지'를 지니기 때문에 개인차도 크다. 앞의 예와는 대조적이다. 건축 형태의 보다 크고 전체적인 가능성과 연관되는 상상력은 쇠약해진다고 할 수 있다.

위에서 살펴본 양극 사이에 정리할 수 있는 '복수 이미지'라고 할 만한 예들이 자리를 잡는다. 앞에서 살펴본 르 코르뷔지에의 두 가지 주택계획안(13쪽)이 지니는 정합성은 빌라 로톤다와 이질적이고, 또 그 주택이 지니는 의외성도 오르타 자택과 다른 것이다. 다른 작품에서도 '복수의 성격이 겹쳐진 것'이라고 이해할 수 있는 다양한 예들이 존재한다. 이처럼 소위 '의도된 복잡함'을 설명하는 방법을 구체적이고 다양하게 하는 것이, 건축물 하나하나에서 얻는 체험을 풍부하게 만들고, 결실이 풍부한 창작으로 이끄는 하나의

단서가 된다. 앞에서 본 양극의 극단적 성질과 달리, 이런 복잡함은 부분에서 실감하는 것과 전체를 연결하는 데 유효한 계기를 다양하게 만든다. 두 가지 주택계획안은 '물체적 질서' 와 '신체적인 공감을 매개로 한 이해' 가 겹쳐지고 어긋나면서 설명되는 복잡함의 양상을 보여준다. 그것은 그대로, 부분을 실감나게 만드는 상상력을 성장시켜서, 창작이 효과적으로 전개되도록 만드는 단서도 포함하는 것이다. 이제까지의 예를 분류 정리한 아래 표는 '전체' 로부터 또 '부분' 으로부터 어떤 특유한 가능성이 얻어지는가를 보여 준다. 그것은 바로 '형태의 힘' 이 갖는 구체적인 문제이다.

⑫ '형태의 힘' 과 '상상력' : 세기말에서 1920년대까지

공간적인 것도 포함하여 건축의 형태적 특징을 추출하는 방법은 무수히 많다. 모든 방법을 의식하는 것이 불가능한 이상, 풍성함을 낳는 상상력이 적극적으로 펼쳐지도록 하는 정리 방법이 요구된다. 체험과 창작을 연결하는 데 유효한 단서가 형태론의 틀이 되기도 한다.

구축체가 지배할 수 있도록 부분을 정리하는 것이 결실이 큰 경우도 있고, 전혀 다르게 정리한 것이 상상력을 비약하도록 이끄는 경우도 있다. 구축체를 논의하는 형태론은 본질적으로 중요하고 장식의 문제는 열등한 것이라고 단언할 수도 없다. 어떤 계기가 더 결실이 풍부한가는 시대에 따라, 건축가에 따라 변하며, 또 창작과정은 변덕스러워서 무엇이 더 크게 작용하는지 거의 예상할 수 없기 때문이다. 전체를 실감하는 상상력에 있어서, 사소한 부분이 거대한 골격보다 적극적인 전개 능력을 갖기도 한다. 강한 골격을 염두에 두지 않고, 우열도 따지지 않고, 모든 특징을 거의 등가로 본다면, 생각지 못한 형태의 힘이나 정리의 양상이 나타나기도 한다. '형태적 상상력' '전체 이미지' 를 가정하면, 다양한 특징을 동등하게 다루게 된다. 가능한 한, 창작의 고

르 코르뷔지에, 예술가의 집(1922년)

유한 특성인 예측할 수 없는 의외성을 받아들일 정도로 자유로운 실례들을 살펴보는 수밖에 없다.

이 책에서는 의식적으로 '전체가 지배하는 힘' 과 '부분이 환기시키는 힘' 을 고찰의 느슨한 틀로 파악하고, 양자를 조정하는 것을 창작행위의 축으로 본다. 이는 미리 준비된 '구성' 등의 가이드라인을 따라 부분을 전체와 연결하는 도식적 이해에서 벗어나겠다는 의도이기도 하다.

아무리 예상을 벗어나 전개되더라도 결과적으로 보면, '형태에 그만한 힘이 있었다' 라고 할 수밖에 없다. '형태의 힘' 은 상상력의 특징을 반영하고 있기 때문에, 그것을 구체적인 가능성으로 파악하는 것이 창작을 풍부하게 만든다. 그렇기 때문에 '형태적 상상력' 이라는 세계를 염두에 두면서 '형태의 힘' 을 가능한 한 생생하게 파악하는 것을 목표로 했다.

오르타로 상징되는 세기말로부터 르 코르뷔지에가 부각되었던 1920년대까지, 전례가 없을 정도로 짧은 기간에 거대한 변화가 일어났다. 구조도 미의식도 변했다. 장식이 사라지고, 고전주의가 변질되고, 구상의 핵이 되는 인간의 이미지도 변화되었다. 여러 가지 문제가 근본에서부터 다시 의문시된 이 시기의 개별적 창작의 장면을 살펴본다면, 오늘에 이르는 직접적인 전제가 생겨난 모습을 적극적이고 생생하게 파악할 수 있을 것이다. 예를 들어 과거의 '전체가' 지배하는 힘에 대비해서, 여러 가지 '부분'이 어떻게 성장하여, 본질적인 변화를 가져 왔는지 살펴보면, 근대양식을 낳은 추진력 중에서 가장 중요하고 구체적인 부분을 알게 될 것이다. 더 일반적으로 말하면 '부분이 성장'하고 '전체가 지배'하는 구체적인 양상을 통해, '형태의 힘'과 그것을 바닥에서부터 지지하고 있는 '근대 양식의 형태적 생명력'을 확인할 수 있을 것이다.

오토 바그너, 우편저금국(1906년)

오귀스트 페레, 해군군수공장(1931년)

르 코르뷔지에, 스위스학생회관(1932년)

오르타(1861~1947년)가 젊은 시절에 지은 조각가 랑보의 기념관(위, Le Pavillon Horta-Lambeaux, 1889년)과 만년의 브뤼셀 중앙역(아래, Centraal Station te Brussel, 1937)은 한 건축가의 작품이라고 생각하기 어려울 정도로 의장적 특징이 다르다. 한편 그의 이름이 역사에 남은 것은, 자택(가운데, 1898년)으로 상징되는 세기말 양식의 대표자이기 때문일 것이다. 반세기에 걸친 오르타의 작품전개는 그대로 건축형태의 거대한 전환기를 구체적으로 반영하고 있다.

아르누보 건축의 효시인 타셀 주택(아래 왼쪽, 1893년)도 외관은 수수하다. 같은 오르타의 작품인데도 다음 해에 지어진 비신거 주택(아래 오른쪽, 1894년)에서는 벽의 돌출부분이 입면 전체에 유동적인 생명감을 불러일으킨다. 한편 기마르의 지하철역(위)은 단순하게 지붕만 덮여 있어서 그런지, 철이 거의 뻗어 오르는 식물처럼 보인다.(8, 66쪽)

가우디가 증축하면서 고친 카사 바틀로(아래, Casa Batllo, 1906년)의 내부나 미완성된 콜로니아 귀엘의 교회(위, Colonia Guell, 1914)에서는 이전의 표층을 덮었던 과잉된 식물형태보다 오히려 골격과 연관된 표현 안에 자연의 깊은 생명이 암시되는 세계에 도달한 것을 느낄 수 있다. (72쪽)

올브리히의 세제션 관 최정상부의 덮개(위 왼쪽, 1898년)와 그의 스승인 바그너의 마조리카 하우스의 난간(위 오른쪽, 1899년)은 가우디의 카사 비센스 문짝과 마찬가지로 '무성한 식물이 만드는 반투명' 이라고 할 만한 형태세계를 보여 주면서, 세기말적 상상력의 한 양상을 알려 준다. (123쪽)

르 파리지안 신문사 사옥(아래, 1905년)에서는, 세기말에 표층을 기는 식물모양이 보여 주었던 성장하여 뻗어 오르던 효과가, 똑같은 눈의 긴장을 그대로 유지하면서, 덩굴이나 줄기와 같은 철골 자체를 통해 현실의 존재가 되었다.(131쪽)

르 코르뷔지에와 거의 동년배인 루 스피츠의 귀느멜가 아파트(오른쪽 1925년)는 언뜻 보면 근대양식에 가깝지만
'내부공간의 존재감' 보다는 '벽의 두께' 나 '판으로서의 존재감' 이 눈에 띈다는 점에서 질적으로 다른 건축 이미
지를 보여 준다. 폴 과데가 설계하고 페레 회사가 시공한 뮤라가의 아파트(왼쪽, 1912년)에서는 거의 목조와 같은
콘크리트의 가는 선형 부재가 눈에 띄는데, 밴험은 이를 '벗겨진 고전주의' 라고 평가했다.(113쪽)

파리의 상튜제느 교회(아래, 1855년)에서는, 중세 고딕 양식에서 표층적 의장을 따라서 피어오르던 눈의 놀라움
이, 그대로 실체적 표현으로 진화된 것을 볼 수 있다. 이전의 다발기둥은 풀어 헤쳐지고 고립되어 긴장감을 주는
가늘기를 과시하고 있다.(121쪽)

나이가 오르타와 르 코르뷔지에의 딱 중간인, 페레의
최초 작품 와그람 가의 아파트(아래 오른쪽, 앞페이지,
1902년)는 그의 출발점에도 세기말 양식이 있었던 것
을 보여 준다. 2년 후 프랭클린가의 아파트(위, 아래 왼
쪽, 1904년)에서는 식물장식이 구축체와 별도로 표층
에만 균질하게 펼쳐지는 것을 과시하는 수단으로서 명
쾌하게 정리되어 있어서, 중요한 예언적 의미도 함께
읽을 수 있다.(107쪽)

약 20년 전 프랑클린 가街의 아파트에서 사용되었던 세기말적 장식패널이 '무성한 잎이 만든 반투명' 이라고 할 정도로 독자적인 성과를 지닌 에센스를 지속하면서 변모하여 마침내 화려한 투과성 피막이 된, 페레의 대표작 르 랑시의 노테르담 교회(1923년)는 구조체에서 자립한 결과로 만들어진 작품이라고 할 수 있다.(117, 123쪽)

페레에 의한 음악학교 부속 콘서트 홀(1929년)에서 창이 없는 큰 패널을 주역으로 한 무뚝뚝한 입면은, 독창적 평면으로 된, 동굴과 같은, 그러나 고전적 질서가 지배하는 연주회장을 숨기고 있다.(111쪽)

페레의 샹젤리제 극장(Le Theatre des Champs-Elysees, 1913년)은 당당한 고전주의적 골격에 부르델 Antoine
Bourdelle(1861~1929년)의 조각과 세기말적 유려함을 보여 주는 난간이나 화려한 벽화 등을 끼워 넣은, 전형적
구상을 실현시킨 것이라고 할 수 있다.

페레 자신이 20년 이상 거주했
고, 또 저층부에는 그의 사무소도
있던 레누알 가의 아파트(1932
년)는, 노출 콘크리트 기둥이 안
팎을 지배하고 고전적인 질서감
각을 근대적 의장으로 융화시킨
그의 전형적인 작품이라고 할 수
있다. (129쪽)

5년 전 르 코르뷔지에의 초기 대표작이 준공된 가르슈에 그것을 충분히 의식하면서 페레가 만든 누발 베이 주택 (1932년)은 수직창이 각인하는 수직적 리듬에 의한 질서가 안팎을 지배한다는 점에서, 제자가 만든 명작과의 기본적인 차이가 두드러진다.(위는 정원측, 아래는 입구측, 왼쪽 페이지는 개축 공사 중인 내부, 본문 134쪽)

고르디뉴 주택(위, 1929년)
은 구축체가 지배하는 개방
적 주거로서, 카산드르 주택
(아래, 1925년)은 수직창을
갖는 상자형 주거로서, 페레
가 1920년대까지 병립시킨
두 종류의 건축 이미지를 각
각 상징한다.(111, 123쪽)

오늘날에는 다락층의 증축으로 인해 다소 다른 인상을 주는 해군군수공장(1931년)은 같은 해에 완성된 사보아 주택과 마찬가지로 '건축가가 1920년대 형태적 추구 끝에 도달한 지점'을 상징한다. 크고 작은 두 종류의 오더를 복합시킨 바로크적 수법과 수직창이 늘어선 상자형 건축 이미지에 도시의 코너를 수평으로 통과하는 균질적인 리듬의 효과까지 겹쳐져서, 고전주의가 변하면서 도달한 수준 높은 통합적 지점을 체현하고 있다.(49, 50, 51쪽 위, 본문 136, 138, 140쪽)

페레의 만년을 상징하는
것은 2차 대전에서 대규
모로 파괴된 항구도시 르
아브르(Le Havre)의 도시
설계로 거의 대부분의 건
물은 페레의 수법에 근거
해서 젊은 건축가들이 설
계했다. 아래로 내려가면
서 가늘어지는 열주가 눈
에 띄는 시청사(아래, 53
쪽 오른쪽 위, 1952년)와
100m 높이를 자랑하는
성 요셉 교회(위, St.
Joseph' s Church, 53
쪽 왼쪽, 오른쪽 아래,
1953년)만은 페레가 기
본설계를 하였고, 그의
최후를 장식하는 작품이
되었다.(사진 제공, 야마
나 요시유키 山名善之)

국유동산보관소(오른쪽, 1936년)와 공공사업박물관(55쪽, 51쪽 아래, 1938/46년)은 1930년대 중반 이후의 페레를 상징하는 작품이며, 플루팅이 파인 원기둥로 인해 역사적 양식으로 회귀한 것으로 보인다. 그러나 '주두가 경시'된 것 외에도, 일반적으로 고전적 오더가 위로 올라가면서 가늘어지는 것에 반해, 아래로 내려가면서 가늘어지는 주신의 윤곽을 보여 준다는 점에서, 페레의 추구가 도달한 독자적인 결론 중 하나를 말해 주고 있다.(142, 201쪽)

흰 상자형 주택으로서
는 처음 대규모로 실현
된 라 로슈 잔느레 주택
(1923년)은 필로티 위
의 곡면 벽이 접근로와
는 아주 다른 방향으로
크게 튀어나와 몸을 쑥
내밀고 있는 것처럼 보
이는 표정이 독자적인
작품으로, 만년까지 계
속된 르 코르뷔지에의
원형적 형태감각의 하
나 를 나 타 내 고 있
다.(162~171쪽)

페사크의 집합주택(1925년)에는 후에 르 코르뷔지에 작품의 특징이 되는 흥미로운 발견이 많이 나타난다. 특히 얇은 곡면 지붕, 오브제적 존재에 가까운 계단, 색채에 의해 거의 추상적인 면으로 변한 벽 등은 이전에 없었던 평온하고 투명한 공간 이미지의 풍부한 가능성을 보여준다. 그것은 오늘날 봐도 신선하다.

르 코르뷔지에 자신이 "완전하게 순수한 외곽에 내부의 각 부분을 밀어 넣었다"라고 말하는 슈타인 주택(1927년)은 직육면체라는 '전체가 지배하는 힘'과 그것을 위협하는 듯한 다양한 '부분이 환기시키는 힘'이 서로 다투는 고도의 긴장이 지배한다. 창의 배후에는 그 형태적 드라마가 엿보이고, 부분의 변형 등이 시사하는 다양한 발생영역은 언뜻 볼 때의 단순함과는 정반대로 풍성한 인상을 남긴다.(58~61, 62 위, 본문 168~175쪽)

59

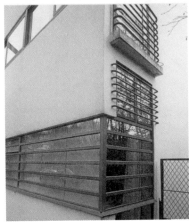

사보아 주택(1931년)은 공중에 떠있는 흰 상자를 주역으로 삼아서 가능해지는 많은 형태적 풍부함을 보여 준다는 점에서, 초기 르 코르뷔지에의 도달점을 구체적으로 나타내고 있다. 특히 서쪽 입면에서는 깊이 방향의 형태적 드라마의 겹침이 수직과 수평의 대비로 집약되면서 압축되고 있는 것을 알 수 있고, 퓨리즘 회화에서 추구된 독자적인 공간감각이 그대로 현실화되었다는 의미도 느낄 수 있다.(62, 63, 본문 158~162쪽)

르 코르뷔지에가 가장 만년에 지은 피르미니 문화센터(1965년)에서는 전면으로 크게 내뻗어 몸을 내민 듯한 벽면과 그것에 끌려가듯이 말려 올라간 천정면의 강력한 변형효과가 만들어내는 운동감이, 내부의 다양한 부분에서 비롯된 주장이나 표정을 삼켜 버리면서, 일종의 공간적 생명이라고 할 만한 통합을 환기시킨다.(188~191쪽)

Architectural Form

1

부가물과 표층 : 세기말에서

① 표층적 유행의 시작 : '부분' 으로부터 / 식물장식

브뤼셀 있는 오르타의 타셀 주택(Tassel house, 1893년)을 방문해 보면 '외관이 의외로 수수하다' 는 느낌을 받는다. 대학의 기하학 교수를 위한 이 도시 주택은, 6년 후에 지어진 자택처럼 깊이 방향의 길이가 정면 폭의 5배나 되는 부지에 세워졌기 때문에 커다란 계단실이나 채광방법 등이 창의적인 평면도 흥미롭지만, 무엇보다 최초의 아르누보 건축으로 잘 알려져 있다. *
피어오르는 식물장식이 발밑에서부터 공간에 활기를 불어넣는 계단실은 근대건축사에서 빠질 수 없는 삽화가 되었다. 그것은 무거운 석벽을 생명력 넘치는 가벼운 곡선으로 덮기 시작한 최초의 예라고 할 수 있다. 그러나 부분적으로 곡선으로 튀어나와 있지만, 외관은 전체적으로 좌우대칭이어서 생동감이 부족하다. 창문을 받치는 작은 기둥 등의 약간 유기적인 표정이 눈을 끄는 정도이다. 참신한 인상을 주는 것은 역시 세기말의 특징이라 할 수 있는 '철의 사용' 이나 '커다란 유리면' 이다. 타셀 주택의 식물양식은 주로 내부, 그것도 벽이나 바닥을 덮는 장식, 덩굴이나 줄기처럼 휘어진 계단의 난간 등, 건물 본체나 골격이 아닌 표층이나 부가적 요소에서 현저하다. '아르누보 건축의 효시' 라고는 해도 눈에 띌 만한 참신함은 내부의 특정 부위에 한정되어 있다. 식물양식의 유행이 현저한 것은 분명하지만, 처음부터 건축 전체가 단번에 새로워진 것은 아니다. 오히려 오늘의 시점에서 보자면 소심하다고 할 정도로 제한된 부위에서 시작되었다는 것을 알 수 있다.

이어진 비신거 주택(34쪽, Wissingner house, 1894년)에서는 식물적 곡선이 외관에도 사용되었다. 입구나 창의 상부가 크게 물결치면서 말려 올라가고, 입면 전체도 비대칭적이고 역동적으로 돌출되어 드라마틱하다. 게다가

---

* Stephan Tschudi Madsen(1923~), 『Art Noveau』 (McGraw-Hill, 1967년) / 高階秀爾 외 일역

오르타, 타셀 주택(1893년), 외관과 계단실

반 에트벨트 주택(Hotel van Eetvelde, 1895년)에서는 개구부가 여러 가지 곡선
으로 만들어져서, 벽 전체가 살아 있는 듯한 유동적 표정을 갖는다. 실내에서
도 덩굴이나 줄기처럼 펴지는 철골로 된 선형 부재가 공간을 에워싼다. 내부
와 외부 모두에서 식물형태의 지배력이 커지는 것이다. 사소한 부위에서 시
작한 유기적 곡선이 짧은 기간에 성장하여, 건축 본체를 변화시키고, 공간을
적극적으로 규정하기에 이른다. 같은 시기에 파리에서 활동했던 엑토르 기
마르 Hector Guimar (1867~1942년)도 그 점에서 비슷하다. 그의 최초의 아르누
보 작품이라고 할 카스텔 베랑제(Castel Beranger, 1898년)의 경우 외관은 "오
히려 전통적"*이고 내부나 현관에서만 "오르타적인 양식을 볼 수"** 있는
정도였지만, 얼마 지나지 않아 그 양식은 크게 꽃피우게 된다. 분명 세기말은

---

* S. T. Madsen, 앞의 책
** 위의 책

과거의 역사양식을 버리고 보다 자유로운 창작을 위해 식물형태를 건축으로 끌어들였다. 새로운 형태의 생명력이 부가물이나 표층에서 시작해서 성장해 가는 것을 볼 수 있다는 점에서 이 시대는 흥미롭다.

② 일본의 표층적 유행 : '부분' 으로부터 / 평지붕과 하얀 벽

아래 그림은 약 60년 전의 목조 주택이다. 편경사 지붕을 사용하면서도 3면에서 '상자형' 으로 보이도록 고안한 점이 흥미롭다. 하얀 페인트를 칠한 외관은 근대양식에 대한 공감을 나타내며, 응접실을 제외한 내부에는 다다미를 깔았다. 설계자인 호리구치 스테미堀口捨巳 (1895~1984년)는 일본 전통에 대한 탁월한 고찰을 남겨, "문화사적으로 거인에 속하는 인물" * 이라고 평가받는다. 특히 그의 다실 연구에 대해 오오타 히로타로는 "이것이야말로 내가 바라던 건축사다. 감격스럽다" ** 라고 평한 바 있다. 이 작은 주택의 내부는 전통적인 좌식생활을 따른 반면, 외관은 당시 서구의 최신 경향에 가깝다. 건축가 호리구치에게는, 연구자로서 깊게 이해하고 있었던 전통문화보다 '하얀 상자의 형태' 가 훨씬 매력적으로 보였을 것이다.

서구의 아르누보 양식은 세기말에 폭발적으로 유행을 탔지만, 20세기 초에는 급속히 쇠퇴했다. 가우디 등 예외는 있지만 일반적으로 보면 표층적 의장의 유행에 머물렀다고 할 수 있다. 1930년대 일본의 국제양식 주택도 아주 참신했지만 '껍데기만의 유행으로 단명' 했다고 평가된다는 점은 비슷하다. 르 코르뷔지에로 상징되는 '하얀 상자형 주택' 이 단기간에 집중적으로 모방되었다. 당시의 건축잡지에는 불과 수년 사이에 100동이 훨씬 넘는 실례가

---

* 하마구치 류우이치(浜口隆一, 1916~1995년) ; 『現代デザインをになう人々』(工作社, 1962년)
** 호리구치 스테미의 『草庭』에 실린 오오타 히로타로(太田博太郎)의 해설문 (筑摩書房, 1968년)

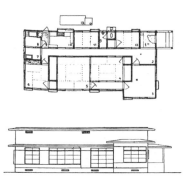

호리구치, 오오시마 기상관측소 관사(7동 중 하나)

게재되었지만, 대부분 기술적 뒷받침도 부족하고 목조로 된 '억지스러운 모방'이었다. 비가 샐 위험이 많아 오늘날에도 꺼리는 목조 옥상지붕(평평한 지붕)이, 공사방법도 허술했던 당시에 널리 실행되었다. 껍데기 형태만을 모방하기에 급급했다는 것을 잘 알 수 있다. 벽을 쌓아 경사지붕을 가려서 '하얀 상자형'으로 위장하려는 고안도, 표층적 처리에 따른 외양을 우선시한 탓이라고 할 수 있다. 위에서 말한 호리구치의 작품처럼 내부는 다다미이면서 외관만을 모방한 예들이 적지 않은 것은, 겉만이라도 서구의 최신 복장을 따르겠다는 '생활과 패션의 모순'을 그대로 반영한다. 나중에 일본풍의 대가가 된 요시다 이소야 吉田五十八(1894~1974년)조차도 당시에는 하얀 상자형 상업건축을 지었다. 표층 즉 눈에 보이는 형태의 매력에 좌우된 것은, 호리구치 경우에 국한된 것이 아니었을 것이다.

분명 방수 등의 성능으로 볼 때 기술이 따라가지 못하는 상태에서 외견상의 의장만 모방하는 것은 피해야 한다. 오늘날까지도 부정적 평가에 더 수긍

이 간다. 그러나 이 유행을 전후로 해서 주택은 크게 변했다. 현 시점에서 되돌아보면, 과거의 '지붕이 무겁게 덮인 전통적 의장'에서 오늘날 일반적으로 볼 수 있는 주택 이미지에 이르는 거대한 변화가 이 시기에 시작된 것이다. 다소 가벼워 보이는 표층적 유행도 중요한 역할을 한 셈이다. 이들을 상세히 검토하면 건축형태로 연결되는 본질적인 변화의 양상, 그리고 여기에 수반되는 다양한 문제를 구체적으로 알게 될 것이다.

③ 결실이 풍부한 창작적 관계성 : '부분'으로부터 / 변하기 쉬운 부위

1930년대 일본의 주택은 표층이나 부분에서 서구의 최신 경향을 억지로 복사했다. 기술이나 생활 등이 받쳐주지 않았기 때문에 '껍데기만의 유행으로 단명'할 수밖에 없었다. 그러나 건축형태가 거대한 변화를 받아들여야 했을 때, '변하기 쉬운 부위'부터 단서가 되었던 것은 당연한 일이기도 하다. 사소한 변화가 전체를 흔들고, 상상력을 변혁하여, 본질적인 새로움을 끌어내기도 하는 것이다. 예를 들어 표층이나 부가물이 먼저 변하고, 그 '부분의 이질성'이 소위 '형태적 문제를 제기'하고, 마치 앞뒤를 짜 맞추는 듯이 전체가 변화하는 과정도 예상할 수 있는 것이다. 이 장면에서 눈에 띄게 두드러진 '형태의 힘'이 작용할 때의 양상이나 프로세스를 구체적으로 볼 수 있다. 일본에 있어서 '표층적 유행의 대표 사례'를 검토하는 이유도 여기에 있다.

창작과정이란 '부분'과 '전체'가 서로 유효하게 환기시키는 것이다. 부분의 특질을 '전체'로 확대하고, '전체'는 '부분'의 성격을 제어하는 것처럼, 서로의 필연성을 함께 추구하는 것도 한 가지 방법일 것이다. 개별적 설계마다의 구체적 테마와는 별개로, 어떤 작품의 질을 일회적인 것이 될 정도로 고양시키려는 태도이기도 하다. 설계과정에서 철저하게 검토할수록, 형태는 세부에 이르기까지 높은 필연성을 얻게 된다. 훌륭한 작품만을 대상으

가우디, 카사 비센스(1885년) 외관과 문짝

로 고찰해야 하는 이유는, 사소한 부분조차도 다양하게 모색되어 나온 결과물이기 때문이다. 부가물도 장식도 어느 정도 필연성이 확인된 이후에 비로소 작품에 채택된다. 여기에서 형태론이 다루어야 하는 '고차원의 형태적 문제'를 발견할 수 있으며, 그것이 바로 다른 것과 구별되도록 만드는 구체적 계기인 질을 보증하는 것이다.

①항과 ②항에서 예시한 두 가지 예는 서로 시대도 장소도 다르지만, 둘 다 과거와 완전히 다른 새로움이 '표층이나 부가물에서 전체로' 진행되는 것을 보여 준다. 혁명적 변화도 처음에는 조심스럽게 시작되는 것이다. '사람들의 취미가 길들여져야' 하기 때문에 그런 것이 아니라, 복잡하고 다면적인 건축 전체가 '돌연변이적으로 변할 수는 없기' 때문이다. 변화는 쉽게 다룰 수 있는 부분에서부터 여러 가지 문제를 해결하면서 점차 다루기 어려운 전체로 확대된다. '표층적 유행'이라고 부를 수 있는 측면이 단명하는 경우에도, 제기된 내용이 본질적이라면 때로 뿌리 깊게 지속되기도 한다. 세기말

에 제기되었지만, 세기말 양식의 범위를 뛰어넘은 형태적 문제였다고 할 수 있다. 그렇기 때문에 표층적 유행이 창작론의 유효한 고찰대상이 되는 것이다. 이질적인 형태에 의해 '부분으로부터 제기된 문제' 와 그에 대한 '전체로부터의 응답' 이라는 변화 과정에서 적극적이고 풍성한 창작적 문제를 엿볼 수 있다. 사소한 징후가 성장해 가는 과정에서 '부분과 전체의 결실이 풍부한 관계성' 이나 '형태적 상상력의 확대 양상' 을 구체적으로 읽을 수 있는 것이다.

④ '굽이치는 전체' 와 '빈약한 세부 디테일' 로 : '부분' 으로부터 / '전체' 로부터

카사 비센스(Casa Vincens, 71쪽, 1885년)는 안토니오 가우디Antonio Gaudi(1852~1928년)의 건축작품 중 가장 먼저 지어졌다. 외관은 다양하게 장식되어 복잡하고, 각 부분은 건축가가 식물형태에 기울인 관심을 풍부하게 보여 준다. 자신이 그린 꽃무늬의 외장타일, 발코니의 난간이나 창 격자의 철제 세공, 내부의 천정이나 벽을 벚꽃 줄기나 덩굴 같은 모양이 덮고 있다. 종려나무의 잎 모양을 모방한 철제의 문기둥이나 문짝도 아주 독특하다. 건물 본체는 직선이 지배하지만, 표층이나 부가적 요소는 유기적 곡선으로 채워져 있다. 매드센은 이 작품에서 아르누보적인 특징을 지적했다.*

양식적 규정과 별개로, 건축 표현에서 식물형태가 처음에는 표층과 부가물에서 사용되기 시작했다는 점은 타셀 주택(49쪽)의 경우와 마찬가지이다. 연이어 지어진 작품 핀카 귀엘(Finca Guell, 1887년)도 마찬가지이며, 특히 용의 형태를 한 폭 5m의 철제 문짝이 눈에 띈다.

마지막 집합주택 작품인 카사 밀라(Casa Mila, 1910년)는 이와 대조적이다.

---

* S. T. Madsen, 앞의 책

건물 본체는 곡선으로 크게 굽이치지만, 표면이나 세부 디테일은 초기보다 훨씬 간소해졌다. 외벽의 석재는 전혀 치장되지 않았으며, 해조류 같은 철제 난간도 이전 작품의 종려나무나 용처럼 과도하게 눈에 띄지는 않는다. 오히려 굽이치는 전체로 인해 들뜨지 않도록 억제되어 있다. 세부 디테일이나 표층에서 시작된 생명력 넘치는 표정이 거대한 굽이침으로 성장하여 전체를 지배하게 된 것이다. 그에 따라 자연을 직접적이고 구체적으로 모방하는 세부 디테일은 후퇴한다. 골격을 이루는 형태에서 달성되었기 때문에, 표층이나 부가적 요소에서는 주장할 필요가 없게 되었다고나 할까. 생명력 넘치는 곡선의 의장이 본체로, 전체로 성장하는 과정에서 '부분과 전체의 양상'은 초기작품에 비해 '역전'된 것이라고 할 수 있다.

오르타나 기마르가 보여 준 식물 형태의 성장은 창이나 입구 주변이나 발코니 등 기껏해야 외벽을 따라 유동하는 정도에 그쳤다. 출발점은 마찬가지로 표층이나 부가물에 국한되어 있었지만, 가우디의 독자성은 여기에서 보다 깊은 레벨인 전체나 골격까지 나아갔다는 점이다. 위 건축가들과 마찬가지로 곡선 의장의 유효성을 신뢰하면서, 표층과 가장 동떨어져 보이는 소위 구축적인 부분까지 지배 범위를 확대하고자 했다. 부분이 전체로 향하도록 일깨워 주는 힘, 혹은 형태적 생명력의 구체적 작용 중 하나가 "같은 성격으로 전체를 덮어서 철저하게 지배한다"는 것이라면, 가우디의 작품전개에서는 그 가능성을 최대화하려는 과정을 볼 수 있다. 생명력 넘치는 곡선으로 전체를 깊게 덮은 극단적 예로서, 부분에서 제기된 문제에 어떻게 대응하는가를 보여 주는 하나의 전형이라고 할 수 있다. 그리고 그와 더불어 부분의 주장은 정리되어 오히려 단순화가 진행되었다. 카사 밀라에는 입을 벌린 용이 있는 문짝이 어울리지 않는다. 거기에서도 부분과 전체에 연관된 또 다른 창작적 문제를 볼 수 있다.

가우디, 핀카 귀엘(1887년) 문짝   가우디, 카사 밀라(1910년)

⑤ 표층의 부가적인 돌출 : '부분' 으로부터 / '판' 이 환기시키는 것

1930년대 일본의 국제양식 주택에서 사보아 주택(Villa Savoye, 159쪽, 1931년)같이 순수한 직육면체는 많이 실현되지 않았다. 언뜻 볼 때에는 하얀 상자 형이지만, '판 모양의 돌출물' 을 갖는 예가 많다. 약 10년 남짓한 유행기간 동안 이 '상자 + 판 모양의 요소' 라고 해야 할 다소 불순한 유형이 가장 많이 나타났다.

일본에서는 르 코르뷔지에 작품이 1920년대 말부터 거의 붐을 일으킬 만큼 많이 소개되었다. 모방의 모델이 된 '장식 없는 하얀 직육면체' 유형의 주택을 사진을 통해 쉽게 찾아볼 수 있는 상황이었다. 그러나 그것을 일본에서, 그것도 목조로 실현하기는 사실상 곤란했다. 비가 많고 다습한 풍토에서는 커다란 처마가 튀어 나온 지붕이나 창을 보호하는 차양을 제거하기 어렵다. 경사 지붕에다 처마나 차양 같은 돌출부까지 없애면 비가 샐 위험이 크고, 벽 내부의 뼈대가 손상되어 가옥의 생명까지 단축될 수 있는 것이다. 콘크리트 조의 경우에도 장마 질 때 안심하고 창을 열어 통풍시키기 위해서 처마나 차양이 필요하다. 특히 경사진 서까래가 노출된 처마나 차양은 눈에 익숙한 전통적인 표정을 따른 것이다. 이는 풍토에 대한 소심하고도 보수적인 일종의 굴복을 의미하는 것으로, 참신한 인상을 크게 손상시킨다. 당시의 건축가들은 "과거부터 있던 처마나 차양은 피하고 싶지만, 장식 없는 직육면체만으로는 불안하다"는 심정이었을 것이다. 처마 밑을 평탄하게 덮어 서까래를 가리고, 마치 수평으로 돌출된 판처럼 표현하려는 고안은 그런 분위기에서 나온 고육지책이었던 것이다. 아래에서 볼 때 경사가 가려져서 수평으로 보이면, 기하학적으로 직육면체 같은 성격을 갖게 되어, 의장적 통일성을 크게 거스르지 않게 된다. 새로운 전체에 상응하는 표정을 보여 주면서 전통적 요소가 갖고 있던 성능도 지속시킬 수 있다. 이렇게 편리한 성격 때문에, 타협적인 부가물이라 할 수 있을 '판 모양이 돌출'된 예가 가장 많았던 것이다.

　서구의 근대양식은 과거의 건축 이미지와 대극적인 지점을 보여 준다는 점에서, 형태적 혁명이라 부를 수 있다. '얇은 피막이 가볍게 내부의 용량을 감싼다'는 전체 효과는, 그때까지의 '두껍고 무겁게 가두었던 건축 이미지'를 역전시킨 것으로, 의장적 가능성의 한쪽 끝을 차지하는 것이다. 그러나 판이 여기저기 돌출되어 있으면 그 효과가 현저하게 손상된다. 비실체적인 존재감마저 만들어 낼 정도로 가벼워서 '표면장력'이라고도 할 수 있는, 벽의 효과가 희박해지고 마는 것이다. 결국 '본보기인 르 코르뷔지에'가 보여 주었던 최대의 형태적 혁신과는 멀어지고 말았다. 의장적 정합성을 높이는 데에는 방해가 되지만, 성능상으로는 필요하다는, 아주 해결하기 곤란한 모순이 '상자형+판 모양의 요소'에 집약되어 있는 것이다. 그러나 많은 건축가가 벗어날 수 없었던 타협적 해결안인 '판'이 소위 전체에 있어서 거북살스러울 수밖에 없다는 것 자체가, '부분에서 전체로' 향한 형태적 문제를 제기하는 것이라고도 할 수 있다.

도타조합, 시모야마 주택(1934년)　　　　　　츠치우라 키조우, 타와라 주택(1931년)

⑥ '끼워 넣기' 형의 성립 : '전체' 로부터 / '판' 에 대한 응답

　1930년대 전반 일본에서도, 돌출물이 거의 없고 '얇은 피막으로 내부를 가볍게 감싸는' 것처럼 보이는, 실현시키기 어렵지만 가장 혁명적인 의장을 지닌 예들을 몇 가지는 찾아볼 수 있다.(90쪽) 그러나 몇 년 지나지 않아서 전혀 발견할 수 없게 된다. 얼마 되지 않아서 성능상의 결함이 드러났기 때문이다. 흥미로운 것은 이와 거의 동시에 '르 코르뷔지에의 상자형' 과는 다른 의장이 대두한다는 점이다. 유행의 후반기인 1930년대 말에는 '끼워 넣기' 형이라고 부를 수 있는 의장이 눈에 띈다. '수평판을 끼워 공간을 규정하는 유형' 으로 미스의 판스워드 주택으로 수렴해 가는 종류의 건축 이미지라고 할 수 있다. 전 항에서 본 '판 모양의 돌출' 은 과거의 전통적 주택이나 르 코르뷔지에를 모방한 하얀 상자형 모두에 형태적으로 맞지 않는 '이질적인 것' 이었다. 그러나 '끼워 넣기' 형에서 그것은 '표층의 부가물' 이 아니라 '전체를 가로지르며 지배하는 판 요소' 의 일부가 된다. 없느니만 못했던 부가물이, 다른 유형에서는 적극적이고 전체적인 의미를 갖는 필수불가결한 것이 된다. 모순을 등에 업고 있던 부분적 특징이 이제 자신을 필연적인 것으로 자리 잡게 만드는 건축 이미지와 만난 것이다. 이것도 '부분에서 제기된 문제에 대한 전체의 응답'이라고 할 수 있다. 어떤 전체에서는 '방해물'이었던 것이 다른 전체 이미지를 환기시키는 힘을 가졌다고 간주된다면, 건축형태가 변화되는 구체적 양상으로 일반화시키는 것도 가능할 것이다.

일본의 국제양식 주택은 유행 초기에는 서구를 단순하게 그대로 모방하는 것을 목표로 했다가, 후반기에는 무리 없이 풍토에 맞는 '끼워 넣기' 형에 도달했다고 할 수 있다. 고육지책이었던 타협적 고안이, 부분으로부터 문제를 제기하는 데 중요한 역할을 한 것이다. 그러나 이렇게 순수하게 형태적인 응답만 고려하는 것은 다소 무리한 면도 있다. 르 코르뷔지에가 압도적인 인기를 얻고 있었던 당시의 잡지에도 그 밖에 많은 건축가가 소개되었고 '끼워 넣기' 형의 예도 발견된다. 순수 직육면체만이 새로운 가능성은 아니었다는 것도 알려져 있었을 것이다. 또 동아시아의 서양식 건축에서 많이 나타나는 '베란다 형식'이 먼 조상이라고도 할 수 있다. 그러나 순수한 상자형을 목표로 하다가 뜻밖에 판 모양의 돌출이 등장한 것을, 본질적인 생명력을 갖는 전체를 찾는 과정으로 해석하는 것은 형태론적으로 풍부한 결실인 것이다. 예를 들어 호리구치 스테미의 와카사 주택(1939년)이 중요한 이유는 '직육면체'와 '끼워 넣기' 형이라는 서로 경쟁하는 두 가지 구상이 그대로 겹쳐져 있기 때문이다. 서구에서 유입된 새로운 경향의 힘과 풍토에 뿌리내린 부분이 환기시키는 힘이야말로 독특한 창작적 긴장을 불러일으키는, 시대를 상징할 만한 양의적인 전체 이미지였다고 이해할 수 있다. 여기에서도 '부분적 특징이 가장 크고 깊은 표현적 가능성으로 향하는 작용'을 엿볼 수 있다. 부분이 확대되는 또 다른 계기라고 할 수 있다.

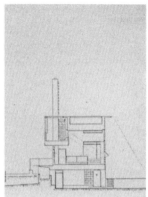

호리구치, 와카사 주택(1939년) 외관과 단면도

⑦ '이중 투영' 된 장식 : '부분' 으로부터 / 그려진 꽃무늬

세기말의 비엔나를 대표하는 오토 바그너Otto Wagner(1841~1918년)의 마조리카 하우스(Majolica House, 1899년)에서는 외벽에 있는 꽃무늬가 가장 눈에 띈다. 그러나 오르타나 가우디의 작품과 달리 개구부의 윤곽은 직사각형으로, 식물형태의 영향을 전혀 받지 않는다. 그것은 미숙하고 철저하지 않기 때문이 아니라, 장식이 제기하는 형태적 문제가 서로 다르기 때문이다. 피어오르는 꽃이나 잎이 입면의 대부분을 덮고 있지만, 성격상 그것은 창이나 벽을 변형할 수 없는 것이었다. 건축본체와 장식이 상호 영향을 주지 않는 관계임을 보여 준다. 매드센은 이 작품에 대하여 "장식을 제거한 상태를 생각하는 것이 결코 어려운 일이 아니기" 때문에 "건축이념은 아르누보 양식과 거의 공통점을 갖지 않는다" *라고 썼다. 그러나 양식적 해석과 별도로, 세기말에 일제히 나타난 다양한 식물장식의 양상과, 그 가능성이나 변화를 구체적

---

*S. T. Madsen, 앞의 책

으로 파악하는 편이 더 유익할 것이다.

여기에서 식물형태는 돌을새김도, 붙이기 유형도, 새겨 넣은 것도 아니다. "불꽃 같은 모티프"*는 완전히 2차원적으로 타일에 그려진 도형으로, 쉽게 벗겨질지 모른다고 상상될 정도이다. 건축 본체가 나타내는 창이나 벽의 윤곽과 무관하게, 다른 것을 주장하고 있는 무늬인 것이다. 각각 다른 원리에 근거하여, 다른 가능성을 갖는 두 종류의 형태세계가 중첩된 효과라고 할 수 있다. 눈은 깊이 방향을 의식하면서 '본체의 존재감'을 파악하는 동시에, 다른 한편으로는 장식을 따라 미끄러지면서 '표층의 존재감'을 감지한다. 두 종류의 눈의 긴장이 대비된다. 시각적 효과에 불과할지 모르지만, '두께 없는 표층 그 자체'가 하나의 요소로서 장식에 의해 강조되는 것이다. 표층의 양의적 존재감, 혹은 '이중 투영'적인 공존이라고 할 수 있다. 같은 세기말의 장식이라도 그 위치나 눈에 주는 긴장이 다르면, 건축형태로서의 기본적 효과도 변하는 것이다.

같은 종류의 전개라도 '정도의 차이'로 인해, 오르타와 가우디는 서로 다른 모습을 보여 준다. 식물적 형태에 대한 신뢰가 세부 디테일에서 골격으로 확대되면서 마침내 도달하게 되는 지점에 카사 밀라가 있다. 반면 바그너의 경우는 질적으로 다른 작용을 보여 준다. 마조리카 하우스의 장식에서도 식물형태에 대한 신뢰가 확인되지만, 피어오르는 표정은 무엇보다 표층의 존재감을 강조하는 데 효과적인 수단이 된다. 오르타나 가우디처럼 '성장'이나 '생명' 같이 식물형태에 동반되는 구체적 성격보다는, 건축형태에 있어서 '요소로서의 표층' 그 자체에 의존하고 있다. 본체에 속하면서도 속하지 않는 장식은 골격에 전혀 영향을 주지 않을 뿐 아니라, '본체+표층'이라는 구

---

*위의 책

바그너, 마조리카 하우스(1899년)

성감각의 양상을 환기시킨다. '요소로서의 표층의 존재감을 철저하게 만든 건축 이미지'로 향한다고 말해도 좋을 것이다. 바그너의 모든 작품은 이런 점에서도 한쪽 편의 전형으로서 독자적인 형태적 문제를 제기하는 것이다.

⑧ '식물형태의 힘'과 '표층의 힘' : '외양'에서 '실체'로

바그너는 20세기 초에 장식을 거의 제거한 우편저금국(Post Office Savings Bank, 1906년)을 만들었다. 마감 대리석판을 고정시키는 징의 머리를 부각시켜, 외벽을 '부착된 것'으로 강조한 점이 독특하다. 개개의 얇은 판은 본체의 일부라기보다, 핀으로 고정된 듯한 자유로움을 보여 주며, 가벼운 표층의 존재감을 강조한다. 마조리카 하우스에서 제시된 구성감각인 '본체+표층'이 성장한 것이다. 시각적 효과에 지나지 않던 '표층의 자유'가 현실의 두께를 갖는 요소가 된다. 모티프가 된 식물형태보다는 표층 그 자체의 존재감이, 전체를 변모시키는 데 더 큰 힘을 갖는다고 할 수 있다. 식물과 표층을 신뢰했던 세기말 건축의 문제제기와 그에 대응하던 방식을 여기에서도 볼 수 있다. 장식을 따라 미끄러지는 독자적인 눈의 긴장이 요소로서의 자립을 요구한다. 명료하게 의식되지는 않지만, 여기서 상상력이 어떻게 전개되는지에 관한 하나의 진실을 볼 수 있다. 가상적이면서 독자적인 눈의 긴장을 강요하는 효과가, 현실적 요소나 원리로 안정되고, 더 나아가 다른 방향으로의 확장까지 시사하기 시작하는 것이다.

오르타나 가우디는 '같은 종류의 형태가 철저해지는 과정'을 통해 '새로운 양식이 성립'하는 것을 보여 준다. 일본의 국제양식 주택은 '부분을 필연적인 것으로 만드는 전체를 찾는 과정'을 통해 '양식이 수정, 변화'하는 것을 보여 준다. 그러나 부분에서는 작고 전체에서는 크게, 구성이 단계적으로 파악된다는 점은 양자 모두에게 공통된다. 새로운 특징이 세부에서부터 소심하게 더듬거리면서 시작되어, 확대되고 명료해져서, 점점 전체와의 관계가 긴밀해진다는 점에서도 유사하다. 벽 위에 꽃이 번성하도록 만든 생명력이 건물의 골격 자체를 굽이치게 만든다면, 보다 적극적인 의미를 갖게 된다. 일본의 국제양식 주택의 표층에 부가된 돌출물도 전체를 가로지르는 요소의 일부가 되면, 충분하게 성장한 것이 된다. 반면에 마조리카 하우스의 장식은 입면 전체에 펼쳐져 있다. 건물 본체와 장식은 계층적으로 구성되는 것이 아니라, 거의 대등한 규모로 겹쳐진다. 전혀 다른 구성적 특징이 우위에 서게 된다. 바그너의 '피어오르는 식물무늬'는 세부에서 성장한 것이 아니라, 출현한 시점부터 이미 전체와 직접 관계하고 있는 것이다. 앞에서 '본체+표층'이라고 했던 구성 감각이 먼저 있고, 그것을 명료하게 만들고 성장시키기 위한 수단으로 당시 유행하던 장식이 선택되었다고도 할 수 있다. 게다가 우편저금국에 이르는 성장은, 단순하게 부분을 확대한 것이라기보다는 '외양을 실체화'하는 것이었다. 이에 따라 바그너에게는 구성과 성장에 관계되는 상

바그너, 우편저금국(1906년)

상력의 차이가 뚜렷해진다. 창작도, 양식의 성립도, 결코 단계적으로 하나의 길을 그리면서 나아가지는 않는다. 아무리 생각지 못한 방향으로 우발적으로 전개되는 것처럼 보여도, 결과적으로 보면 필연에 속하는 것이라고 생각할 수 있다. 다소 이해되지 않는 변화도, 그대로 받아들여, 창작적 상상력의 진실로 고찰하는 수밖에 없는 것이다.

⑨ '장식' 과 '표면장력' : '부분' 으로부터 / 조각된 식물모양

　루이스 설리번Louis Sullivan(1856~1924년)과 가우디는 태어난 해도 비슷하고, 둘 다 평생동안 유기적 곡선을 좋아했다. 특히 세기말을 전후로 해서 '장식이 차지하는 위치' 가 크게 변했다는 공통점이 흥미롭다. 설리번도 비교적 빠른 시기에, 카사 비센스처럼, 외부 전면을 장식으로 덮었다. 개런티 빌딩 (Guaranty Building, 1895년)은 교차로변을 차지하는 U자형 평면의 사무소 빌딩으로, 외장재인 붉은 테라코타에는 전체적으로 일정한 밀도의 식물 모양이 '조각되어' 있다. 마조리카 하우스의 '이중 투영' 과 달리, 본체에 속하는

기둥이나 보가 변화되면서 밀실한 무거움이 희박해진다. 정상부의 처리 등으로 인한 전체의 '잡아 늘인 것 같은 형태효과'와 더불어, 비실체적인 표정에 가까워진다. 그러나 그도 곧 전면장식을 버리고, 장식이 한정되고 약간만 남기는 방향으로 선회하고, 전혀 다른 전체적 효과를 지향하게 된다.

설리번과 가우디가 20세기 초에 보여 준 '장식의 한정'은 아르누보의 쇠퇴현상에 속하는 것이다. 그러나 문제는 단순히 꽃무늬의 양이 줄었다는 것으로만 끝나는 것이 아니다. 완전히 버리지 못했다는 점에서 본다면, 장식에 대한 어느 정도의 신뢰가 남아 있는 것이다. 전면을 덮었던 장식이 극히 일부로 한정되는 것 또한 '부분에서 전체로 제기되는 문제'로서 창작적 의미를 갖는다. 약간 남은 장식을 어디에 배치하고 전체에 대하여 어떤 역할을 부여할 것인가가 그 구체적인 내용이 된다. 그것은 장식을 줄여갈 때의 '정리 근거'이고, 다른 전체를 지향하는 것이기도 하다. 오히려 단순하다고도 할 수 있는 '식물 모양으로 완전히 덮는' 것과는 다른 장식에 대한 신뢰, 다른 창작적 방법이 필요해진다. 모티프가 되는 식물 그 자체에 대한 신뢰가 약해지는 만큼, 장식이라는 존재가 그로 인해 가능해진 구성적 효과, 즉 보다 추상적인 형태적 효과의 일부를 담당하게 된다.

개런티 빌딩 이후 3년이 지나 베이야드 빌딩(Bayard Building, 1898년)이 준공된다. 파트너인 댄크말 애들러Dankmar Adler(1844~1900년)와 헤어진 후 최초로 지어진 작품이다. 12층으로 지어진 사무소 빌딩으로, 철골구조를 테라코타로 덮었다. 기둥 자체에는 장식이 없고, 오히려 가는 기둥을 묶은 것과 같은 표정이 눈을 끈다. '잡아 늘인 것 같은 가는 수직선' 효과가 표층의 처리에 의해 강조된다. 개런티 빌딩과는 대조적으로, 부착된 상태의 장식이 기둥의 상하단에 밀집된다. 특히 하단에서 즉 바깥쪽에 있는 가는 원기둥의 하단에서는, 밑으로 끌어내리는 '추'의 효과가 나타난다. 장식을 하단과 상단

설리번, 개런티 빌딩(1895년)

설리번, 베이야드 빌딩(1898년)

에 집중시킴으로써, 가는 기둥다발을 양끝으로 잡아 늘여 길게 만드는 효과
가 눈에 띈다. 2차원의 표층 내에서 완결되는 형태효과를, 위아래에 밀집된
장식이 돕고 있는 것이다. 같은 세기말적 장식이지만, 부분으로서 갖는 의미
는 훨씬 구성적이 되고, 장식에 의해 시사되는 전체가 변하기 시작한다.

❿ 시각적 효과의 전환 1: '전체' 로부터 / 매달린 무거움

시카고에는 호러버드 앤드 로쉬*사무소에서 설계한 세 동의 빌딩이 서
있다. 의장은 거의 같지만, 높이가 다르다. 설리번은 이 중 가장 높은 게이즈
빌딩(Gage Building, 1899년)을 개축했다. 준공 당시 인접한 건물이 찍혀 있는
사진은 개축 내용을 알려 준다. 한해 전에 지어진 베이야드 빌딩과 마찬가지

---

*William Holabird(1854~1923년)와 Martin Roche(1855~1927년)

로, 중앙의 2개 기둥은 가는 부재다발의 표현으로 바뀐다. 눈을 끄는 것은 그 기둥 상단에 있는 거대한 장식이다. 설리번의 최초 전기작가인 모리슨은 이 장식에 대해 "너무 크고 너무 눈에 띈다"*고 썼다. 또 스컬리는 너무 크기 때문에 2개의 기둥을 상단에서 힘껏 누르고 있는 것 같다고 했다. "시각적으로는 모든 것이 위에 매달려 있는 듯이 보인다"**는 것이다. 원래 땅과 접하는 부분이 끊겨서 표정이 불안정해진 2개 기둥을 의장적으로 고안하여 '시각적으로 압축부재를 인장부재로 전환' 시켜, 다른 종류의 안정된 인상을 준다는 것이다. 커다란 처마, 다발기둥의 표현 외에도, 거대한 식물 장식에 결정적 역할을 부여하여 입면 전면의 효과를 역전시킨 것이다. 베이야드 빌딩보다 장식은 적지만, 보다 적절하고 필요한 곳에만 집중되어 있다. 이들 설리번 작품들에 공통되는 것은 '표면장력' 이라고 할 수 있는, 눈을 긴장시키는 독특한 효과일 것이다. 세기말의 '무거운 벽에서 벗어나는 식물의 생명' 의 핵심이, 보다 추상적이고 구성적이며 전체적인 효과로 변했다고 할 수 있다. 그것은 장식에서 시사되고 지원을 받는 '표층의 자립' 으로서, 여기에서도 세기말이 제기한 형태적 문제에 대한 하나의 해답을 발견할 수 있다.

　마조리카 하우스의 '두께 없는 추상적 표층의 존재감' 과 달리, 게이즈 빌딩에서는 양의적 효과가 마찬가지면서도, 한 장의 파사드 자체 즉 '두께를 갖는 실체로서의 표층' 이 자립적으로 느껴진다. '이중 투영' 이라기보다 '눈속임' 에 가까우며, 요소의 보다 자유로운 존재감이 강조되는 것이다. 식물적 형태 그 자체에 대한 신뢰보다 구성적인 효과 쪽이 우위라는 점에서 둘은 비슷하다. 그러나 마조리카 하우스에서는 피어오르는 듯한 성장 이미지가 연

---

*Hugh Morrison, 『Louis Sullivan : Prophet of Modern Architecture』 W.W. Norton & Co., Inc. New York City, 1932.
** 빈센트 스컬리, 「설리번의 건축장식」 (퍼스펙타 5호)

설리번, 게이즈 빌딩(오른쪽 끝, 1899년)

상되면서, 눈은 표층을 따라 미끄러진다. 구체적인 식물형태가 갖는 힘에 대한 신뢰가 분명하다. 반면에 게이즈 빌딩에서는 식물장식이 아니어도 표층을 강조할 수 있다. 눈길을 끄는 거대한 요소로 '누르는' 효과만 낼 수 있다면, 다른 모티프라고 해도 상관이 없는 것이다. 세기말에서 설리번에 이르는 과정에서는, 실제의 꽃이나 줄기, 성장하는 표정 등의 효과를 신뢰하면서도, '장식이 제기하는 구성적 효과'가 다양하게 시도되었고, 마침내 그런 구체적 성질에 의존하지 않는 보다 순수한 형태 드라마가 만들어지는 것을 볼 수 있다. 꽃무늬 자체는 이 과정을 진행시키는 촉매였다고도 할 수 있다.

⑪ 시각적 효과의 전환 2 : '부분'으로부터 / '판'이 제기하는 문제

요제프 호프만Joseph Hoffman(1870~1958년)의 스토클레 주택(Palais Stoclet, 1907년)은 두꺼운 조적벽 건물인데도, '가벼운 판을 짜맞춘' 것처럼

보인다. 표층의 장식적 처리에서 비롯된 '그림 속임' 같은 효과이다. 무거운 벽을 마무리하는 대리석판은 내부와 외부 각각 모서리 부분에 조심스럽게 이중으로 '테두리'가 둘려져 있어서, 각각이 마치 따로따로 자유로운 면 같은 인상을 준다. 전체가 '면으로 연이어진' 것처럼 보인다. 설리번의 경우(82~85쪽)와 마찬가지로 세부 디테일을 장식적으로 처리한 결과, 허구적인 의장 효과가 만들어져서, 눈에 보이는 외양을 기본적으로 변화시킨다. 아래로 가해지는 압축력과 부동성의 효과로 충만했던 과거의 건축 이미지에서 벗어나, 독자적인 창작적 긴장이 넘치도록 만드는 단서라고 할 수 있다. 여기서도 부분이나 표층에서 제기되어 전체의 형태적 변혁을 환기시키는 가능성을 구체적으로 보게 된다.

바그너의 우편저금국(82쪽)에서도 세부 디테일의 고안에 의해 마무리된 대리석판은 각각 자유로운 표정을 갖고 있다. 그러나 그것은 과거부터 있었던 3층 구성의 고전적 구도를 그대로 유지하면서 표층의 대리석판을 덧씌운 범위 내에서의 자유로움이다. 눈은 자유로운 표층을 따라 미끄러지지만, 철저하게 구조 본체에 종속된 외양일 뿐이어서, 깊이 방향으로는 무거운 벽의 존재감을 확실하게 의식하게 된다. 개개의 자유로운 판이 새로운 전체적 효과를 환기시키는 힘은 미약한 것이다. 스토클레 주택이 보다 본질적인 의미에서 소위 '면을 연이은 상자'에 가까워 보인다. 판은 과거의 긴밀한 건축적 구성에서 해방되어, 본체의 존재감을 잊게 만드는 효과가 아주 강하다. '테두리'의 마술이라고 할 수 있다.

눈이 변혁되면 실체도 따라 간다. 보다 자유로운 판에서 확인되는 모습은 보다 큰 전체적 변화를 환기시킨다. 다소 극단적으로 말하면 '벽에서 판으로' 진행된 혁명인 것이다. 벽은 대지에 뿌리를 내려서 무겁고 부자유스럽지만, 판은 가볍고 자유로우며 고립되어 있다. 전자는 '구축적인 본체'이고, 후

호프만, 스토클레 주택(1907년)

자는 '표층의 자립'이라고 할 수 있다. 이 차이점이 새로운 건축 이미지를 환기시키는 구체적인 부분이다. 스토클레 주택의 경우 내부는 과거와 마찬가지로 철저하게 폐쇄적이지만, 눈에 보이는 외양에서는 '자유로운 요소의 집합'이라는 상상력을 보여 준다. 표층적인 형태 처리가 심각하고도 전체적인 문제를 제기한다. '가상적인 판으로의 분해'가 현실의 '즉물적인 판으로의 분해'에 이르는 것도 필연적이다. 물론 세부 디테일 처리에 근거한 눈속임과 실제로 해체된 표현 사이의 간극은 크다. 눈의 긴장과 상상력의 흐름에서는 양자가 연속적으로 보이지만, 건축가에게 주는 가능성이라는 면에서는 서로 다른 것이다. 같은 시대의 기분을 공유하고 있으면서도, 전체와 관련된 가능성을 보다 수준 높게 구상할 수 있었던 것은 다른 건축가였다. 그런 점에서 라이트Frank Lloyd Wright(1868~1959년)의 '상자의 파괴'는 호프만이 다다랐던 막다른 길을 타개한 지점을 보여 준다.

⑫ 추상적인 윤곽 : '부분' 으로부터 / '가는 선형 부재' 가 제기하는 문제

다니구치 요시로*의 사사키 주택(1933년)은 일본에서 목조로는 가장 먼저 처마나 차양이 없는 '가벼운 하얀 상자' 를 성취한 예 중 하나이다. 그러나 남쪽 테라스에 면한 외부에는, 가는 선형 부재가 개구부 앞에 덧붙여져 있다. 건축가가 강하게 관심을 보였던 당시의 르 코르뷔지에 작품에서는 이런 의장을 찾아보기 어렵다. 부가물이 없는 경우가 기하학적인 직육면체에 더 가까울 것이다. 슈타인 주택(172쪽)처럼 순도 높은 근대양식에서는 불필요해 보이는 선형 부재가 필요했다는 점에서, 일본의 국제양식 주택이 갖는 다른 형태적 문제를 알 수 있다.

'대비효과의 실현' 도 그것을 설명해주는 한 가지 측면이다. 고립된 기둥을 사용했던 르 코르뷔지에에게 '가는 선형 부재' 는 원리적으로 불가결한 것이었다. 다니구치는 사사키 주택을 완공하기 2년 전에 쓴 르 코르뷔지에론에서 도미노 계획안(Maison Domino, 1914년)을 중시했다. 목조로 도미노 계획안의 원리를 따르는 것은 불가능에 가깝다. 그러나 도미노 계획안은 원리였을 뿐만 아니라, 그에 못지않게 '하얀 연속면과 가는 선형 부재의 병치' 라는 독특하고 예리한 대비적 긴장감을 주기도 한다. 시각적 효과로 보자면, 틀림없이 새로운 시대의 상징과 같은 매력을 발산하였을 것이다. 사사키 주택의 선형 부재는, 눈에 보이는 외양에서라도 그런 참신함을 실현시키기 위한 부가물이었다고 생각할 수 있다.

1930년대 중반 특히 츠치우라 키조**의 작품에서는 부가적인 선형 부재가 보다 눈에 띄게 두드러지고 커져서, 전체적인 윤곽의 일부가 된다. 거의

---

*谷口吉郎(1904~1979년)
**土浦亀城(1895~1996년)

다니구치, 사사키 주택(佐々木邸, 1933년)   쿠라타, 하쿠츄 주택(白柱居, 1936년)

가상적인 직육면체를 규정하고 있다고 할 정도인 경우도 있다. 이전에는 부가적이고 부분적인 즉 사소한 처리에 지나지 않던 것이 보다 전체적인 의미를 짊어지기 시작했다고 이해할 수 있다. 쿠라타 치카타다*에 의한 '하얀 기둥의 집'에서는 '가는 선형 부재'가 전체 윤곽 자체를 형성한다. 주요한 윤곽은 벽이나 유리면이 아니다. 건물의 바깥을 빙 둘러싸는 선형 부재로 인한 소위 가상적인 공간경계가 전체의 형태효과를 강하게 지배하는 것이다. 게다가 유행에 다소 뒤진 마에카와 쿠니오**의 모리야 주택에서는, 이미 하얀 상자형에서 멀어진 것이기는 하지만, 선형 부재에 의한 윤곽이 '끼워 넣기'형의 원형과 겹쳐져서 도미노 계획안의 원리에 보다 가까운 형태로 실현되었다.

60여 년 전 서구의 최신 경향을 모방한 일본의 주택에서는, 앞에서 언급한 '판의 돌출' 이외에도 이처럼 '부분에서 전체로 진행되는 전개'를 읽을 수 있다. 처음에는 극히 표층적이고 부분적인 부가물에 지나지 않았던 '선형 부

---

* 藏田周忠(1895~1966년)
** 前川国男(1905~1982년)

재에 의한 공간 규정'이 성장하여, 전체에 직접 관계되는 효과에 개입하여 건축 이미지를 주도하기에 이르는 과정을 볼 수 있다. 지붕에 의한 '덮힘'의 지배가 뿌리 깊었던 일본 주택의 공간 이미지와 상반된, 선형 부재에 의한 소위 추상적이라 할 수 있는 규정 효과가, 부분에서 제기하는 문제에서 시작해서 거의 자기 스스로 전개되었다고 할 수 있다.

⑬ '직립하는 탑'과 '표층의 연속' : '전체'로부터 / 도시의 코너

니혼바시 지역 교차로변에 세워졌던 이시모토 키쿠지*의 시로키야 백화점(1931년)은 수평선이 주조를 이루며, 특히 코너 부분에서 원호를 따라 둥글게 돌아가는 효과가 두드러진다. 당시의 건축잡지에서는 유사한 의장의 예를 많이 발견할 수 있다. 이 건물처럼 대규모가 아니더라도 도시의 코너를 따라 돌아가면서 수평방향으로 속력을 과시하는 의장이 이 시기에 현저하게 유행했다. "메이지 시대의 서양식 건물에서, 관공립 건축은 좌우대칭으로 중앙에 탑을 세우는 예가 많았다. --중략-- 그에 반하여 민간 건축은 교차로변을 차지하고 그 모서리 부분에 탑을 세우는 경우가 많았다"**라는 지적이 있다. 메이지 시대에는 주로 탑을 세우던 도시의 모퉁이 부분에, 얼마 후에는 둥근 모서리를 과시하는 의장이 덧붙여졌고, 쇼와 시대***초기에는 근대양식의 수평성이 그것을 단숨에 가속화시켰다는 것을 알 수 있다.

'탑의 수직성에 의한 모서리 강조'와 '수평으로 모서리를 따라 도는 효과 강조'는 대조적이다. 그 장소를 특이한 지점으로 확인해 주면서 지속적으로 서 있는 탑과 고속으로 빠르게 돌아가는 수평성은, 건축형태가 주변에 대해

---

 * 石本喜久治 (1894~1963년)
 ** 스즈키 히로유키(鈴木博之, 1945~), 「장소의 감각」, (학사회보 815호)
 *** 〈일본의 연호, 메이지 시대는 1868~1912년, 쇼와 시대는 1926~1989년이다. 역자 주〉

이시모토(石本), 백목옥 백화점(1931년)　　　　　　설리번, 카슨 피리 스코트 백화점(1904년)

보여 주는 가능성의 양극단이기도 하다. 그렇기 때문에 '탑' 과 '수평연속
창' 이라는 요소에서, 도시적 건축이 지니는 혹은 장소에 관계되는 의식에 대
한, 근대 일본의 두 가지 전형을 확인할 수 있는데, 이는 모두 서구의 영향을
직접적으로 받은 것이다.

　시카고의 교차로변에 지금도 서 있는 카슨 피리 스코트 백화점(Carson
Pirie Scott Store, 1904년)은 설리번의 대규모 도시건축으로는 거의 마지막 작
품이다. 이 작품 이후 설리번은 시대에 뒤쳐진 듯 지방도시에서 소규모 작품
을 몇 개 남겼을 뿐이다. 만년의 설리번은 작은 은행 건축을 많이 지었는데,
주로 품이 많이 들고 장식이 조밀한, 중후한 상자형이 특징적이다. 스컬리는
그들이 주로 한적한 가로의 교차로변에 세워져서, 거의 탑과 같이 강하게 코
너를 구획하면서 독특한 도시성을 보여 준다고 지적했다.* 시카고의 백화점

＊ Vincent Joseph Scully, 『American Architecture and Urbanism』 (Thames & Hudson, 1969년) / 香山寿夫 일역.

은 이와 대조적으로 그의 작품 중에서 수평선을 가장 눈에 띄게 강조한 예이다. 이 건물은 예를 들어 에릭 멘델존Erich Mendelsohn(1887~1953년)의 쇼켄 백화점(Schocken Department Store, 1927년)처럼 후에 나타나게 될 건물들을 예고해 주며, 새로운 기술이 가능하게 만든 혁명적인 의장의 선두주자라는 것을 확실하게 보여준다.

같은 시기에, 마찬가지로 교차로변에 완성된 헨드릭 페트루스 베를라헤 Hendrick Petrus Berlage(1856~1934년)의 암스테르담 증권거래소(De Beurs, 1903년)의 과장된 탑과 비교하면 참신함이 보다 두드러진다. 니콜라우스 펩스너는 이 옆으로 긴 창에서 "20세기의 리듬"*을 발견하였고, 스컬리는 자동차가 모퉁이를 따라 돌 때의 속도감을 여기에 중첩시켰다. 눈을 멈추게 하고 그 장소를 확인시키는 탑과 달리, 수평성은 특정한 지점을 강조하지 않는다. 세기말에 나타난 것처럼 표층을 따라 자유롭게 미끄러지는 눈은 틀림없이, 건축이 도시에 대하여 '운동 그 자체'나 '과정적 성격'을 주장하도록 만든 구체적 계기였을 것이다.

⑭ 세기말적 양의성 : '부분'으로부터 / 구축체와 탑의 겹침

설리번 작품 중, 거의 탑처럼 영속적 존재감을 보여 주는 만년의 작은 은행과 비교할 때, 카슨 피리 스코트 백화점은 아주 대조적이다. 그러나 이 건물의 수평성은 단순한 것이 아니다. 다른 예와 마찬가지로(80~84쪽) 장식과 구축체의 관계가 독특하다. 보가 기둥보다 굵게 표현되고, 여기에 장식띠가 수평성을 강조하면서 조심스럽지만 확실하게 표층의 연속 효과를 실현시킨다.

게다가 섬세한 식물장식으로 1층 부분을 뒤덮어서 그 존재감을 희박하게

---

* Nikolaus Pevsner(1902~1983년), 『근대디자인 선구자들』(김창수, 정구영 옮김, 기문당)

설리번, 카슨 피리 스코트 백화점(1904년) 1층 부분

만들고, 상부의 구축체가 '대지에 뿌리내리는' 효과를 극도로 약화시킨다. 여기서도 세기말의 흔적 같은 장식은 '구축체 외양의 변환'에 기여하고 있는 것이다. 유행의 최첨단 가운데 있던 기마르나 오르타 등이 서둘러 장식을 버렸던 것과 달리, 바그너나 설리번처럼 다소 유행과 멀고 나이도 많아서 여러 가지 고민한 끝에 좀 뒤쳐져서 장식을 받아들였던 사람들은, 유행이 지나가고 나서도 장식이 전혀 없는 방향으로 쉽게 나아가지 않았다. 원래 '장식만으로 좌우되는 전체'가 아니라, '추구하고자 하는 전체 효과에 불가결'하다는 것을 확인한 후에 유행하는 장식을 이용하겠다는 자세를 기본으로 깔고 있었기 때문일 것이다.

　이 백화점의 모서리 부분은 원통형으로 되어 있다. 흰색의 골조 표현을 그대로 둔 상태에서 단순하게 '모서리를 둥글게 만든' 것이 아니라, 수직선을 강조하기 때문에 수직 원통의 존재감이 부각된다. 수평 운동을 따라가는 시선은 멈추고, 모퉁이를 따라 도는 속도감은 약화된다. 그러나 표층의 장식띠는 수직 탑의 존재까지 극복하고 수평으로 연속된다. 따라서 이 건물의 모서리 부분은 표층의 연속 효과에 의해 '새로운 시대의 수평성'을 보여 주면서도, 과거부터 윤곽으로 작용하던 "모퉁이에 탑을 세운다"라는 기억도 환기시킨다. 나중에 보다 명쾌하게 수평 연속의 효과만을 실현시켰던 근대양식과 달리, 도시의 모퉁이에서 두 가지 종류의 건축 이미지가 '구축체의 형식'과 '표층의 효과'라고 하는 두 가지 양상을 빌려 공존한다는 점에서 세기말 직후의 과도기를 구현하고 있다.

카슨 피리 스코트 백화점의 외관에는 '표층을 따라 미끄러지는 연속성'과 '대지를 향한 원통의 존재감'이라는 두 가지 대비적인 눈의 효과가 중첩되어 있다. 중력에서 벗어나 '수평으로 미끄러지는 감각'과, 수직이라는 '구축의 원형적 감각'은 그대로 건축 형태가 우리 눈에 부여하는 두 가지 효과의 전형일 것이다. 현실의 다양한 의장을 넘어 존재하는 '긴장된 눈의 에센스'가 대비되어 있다고도 할 수 있다. 그것은 동시에 '고립된 인상을 주기'도 하고 '주변으로 해소된 것처럼 보이'기도 한다. 후에 르 코르뷔지에가 스위스 학생회관(Pavillon Suisse, 102쪽, 1932년)에서, 풍성함을 낳을 수 있는 원형으로 승화시키면서 재확인하게 될, 건축이 지니는 본질적 대비의 또 다른 표현방식이라고도 할 수 있다.

⑮ 필연성의 겹침 : '부분'으로부터 / 사보아 주택으로

파리에 정착하기 전에 르 코르뷔지에는 고향인 라 쇼드퐁에서 작품 일곱 개를 실현시켰다. 전통적 의장을 기본으로 했기 때문에 독자성이 약하고, 작품집에도 수록되지 않았다. 그러나 제일 나중에 지어진 슈보브 주택(Villa Schwob, 1916~17년)만은 "항상 자랑했으며, 「에스프리 누보」지에까지 상세하게 발표"*했다. 저술인 『건축을 향하여』에도 실려 있다. 나중 작품들과 비

르 코르뷔지에의 슈보브 주택

교하면 확실히 미숙해서 다양한 영향이 혼재하는 것이 눈에 띈다. 그러나 그
것을 감추려고 하지 않았다. 다소 어중간하게 처리된 것은 만족스럽지 못하
지만, 무엇인가 중요한 것이 실현된 점에 자부심을 갖고 있었기 때문일 것이
라고 생각된다.

스태니슬라우스 폰 모스는 "외관은 일단 페레 풍을 상기시키지만, 전체적
인 사고는 F.L. 라이트에 많은 것을 기대고 있다"고 했으며, "유리창이 2층
높이인 것"을 제외하면 다른 특징은 이전의 작품에서도 볼 수 있는 것이라고
그다지 높게 평가하지 않는다. 윌리엄 커티스도 "페레나 공작연맹에서 영향
을 받았다는 것은 누가 봐도 명백하며, 평면 계획에서 라이트의 영향이 강하
다"**라고 하면서, 그 밖에도 다른 영향의 근원을 지적한다. 고향에 지어진
그 당시까지의 작품은 급한 경사 지붕으로 덮여 있었지만, 슈보브 주택은 평

---

* Stanislaus Von Moos(1940~), 『르 꼬르뷔제의 생애』 (예명해 옮김, 기문당) 이하의 인용도 같은 책
** William J. R. Curtis(1948~) 『Le Corbusier』(Rizzoli, 1992년) / 中村硏一일역,

탄한 옥상으로서, 이용할 수 있도록 고려된 것이다. 커티스는 '상부 보이드를 핵으로 한 단면구성' 에는 나중의 시트로앙 주택(Maison Citrohan, 1920년)이나 마르세이유 유니테(Unite d' Habitation de Marseille, 1945년)에 이르는 공간의 초보적 상태가 깃들어 있다고 지적한다. 그러나 가장 예언적인 것은 가로측 입면을 인상짓는 '고립된 패널' 을 표현한 점이다. 커티스는 르 코르뷔지에가 이스탄불에서 찍은 사진을 인용한 것이라고 말한다. 그러나 비록 무의식적으로 받은 영향이라고 해도 이처럼 눈에 띄는 요소를 채용한 것은, 그 자신에게 어느 정도 필연적 의미가 있었기 때문일 것이다. 그것이 이 미숙한 주택을 묻혀지지 않도록 만든 이유이기도 하다.

'현저한 부분적 특징' 에는 두 종류의 필연성을 생각할 수 있다. 즉 초기에는 미숙하지만 나중에 달성되는 것으로, ① '보다 크고 전체적인 혁신을 선취' 한다는 의미, 또 그와 별도로 한 작품의 질의 문제로서, ② '이 시점에서 전체에 대해 갖는 필연성' 이라는 의미가 그것이다. 전자는 "미숙하게 부분적으로만 실현된 가운데 나중에 전개될 것을 암시" 한다. 후자는 뛰어난 창작은 미숙한 예언일지라도, 각 시점에서 "어느 정도 완성도를 지닌 전체를 보증하는 일부로서 소화된다" 는 것을 나타낸다. 위대한 예술가는 아주 젊은 시절부터 미숙함과 원숙함을 모두 지니고 있다고 한다. 주목할 만한 초기작품에는 위에서 말한 ①항과 ②항이 반드시 겹쳐져 있다. 마찬가지로 슈보브 주택의 'ㅁ자형' 에 대하여도, 이 두 종류의 필연성이 공존하는 양상을 구체적으로 파악하는 것이 중요하다. 그것이 르 코르뷔지에의 독자성을 파악하는 출발점이라고 생각한다.

⑯ '공중에서 고립된 공백' : '부분' 으로부터- 사보아 주택으로

슈보브 주택의 가로측 입면에서는 'ㅁ자형' 으로 둘러싸인 거의 공백이라 해야 할 커다란 벽면이 시선을 끈다. 대지에 닿지 않고 '공중에서 자유롭게 완결된 판' 혹은 '고립된 패널'처럼 보이는 효과 덕분이다. 르 코르뷔지에는 20세에 처음으로 장기간 여행을 하면서 비엔나를 방문하여 호프만을 만났다. 호프만이 주도하던 비엔나의 공방에서 근무했었다는 주장도 있다. 어떻든 스토클레 주택(88쪽)이 완성되었던 시기이다. 직접 의식하면서 모방한 것은 아닐지라도, '자유로운 판의 집적'이라 할 만한 상자형 건축의 이미지를 확인할 수 있다. 당시의 르 코르뷔지에가 마찬가지로 영향을 받았던 페레나 라이트의 작품에서는 '공중에서의 고립'이 이처럼 강력하게 표명되지 않는다.

1929년 가을의 강연에서 르 코르뷔지에는 공사 중이던 사보아 주택을 '공중에 뜬 상자'라고 표현했다.* 사보아 주택의 본체를 이루는 '하얀 상자'는, '대지를 짓누르는 무거운 상자'라는 전통 건축의 이미지와 거리가 멀다. 같은 강연에서, 설비나 동선에 대한 것이긴 하지만, "건물에 있어서 혁명을 일으킨다"라고 말하기도 한다. 실제 '공중에 뜬 상자'는 과거부터 전해오던 것에 대해 '정반대의 건축 이미지를 실현'한 것으로서, '형태적 혁명'이라 부를 만한 것이었다. 그런 점에서 슈보브 주택의 '공중에서 고립된 공백'은 나중에 사보아 주택(159쪽)에서 결실을 맺는 전체적 혁신을 예언한 것이라고도 생각할 수 있다. 표층에서 부분적으로 실현되는 것에 머물렀다고 할 수는 있지만, '공중에서 완결되는 직육면체'라는 나중에 도래할 혁명의 핵심적 특징이 15년 전에 이미 선취되었다고 이해할 수 있는 것이다.

사보아 주택은 르 코르뷔지에가 '하얀 상자'라는 극단적으로 강인한 의장을 마지막으로 사용한 작품이다. '건축형태의 혁명'이 가장 완성도가 높

---

* 르 코르뷔지에, 『프레시지옹』 (정진국, 이관석 옮김, 동녘, 2004)

르 코르뷔지에, 오장팡 주택(1922년), 준공 당시와 현재의 모습

은 작품을 통해 훌륭하게 완결된 것이다. 슈보브 주택의 북쪽 입면에 나타나는 'ㅁ자형' 이 환기시키는 형태세계가 성장하고, 성숙해져서, 자신의 가능성을 최대로 발휘하기에 이르는 15년 동안, 다양한 창작상의 시행착오가 있었을 것이다. 무엇인가 독자적인 구상이 불완전하게나마 싹이 트고, 표층이나 부분에서 성숙해져서, 전체의 혁명에 이른다는, 형태적 상상력의 흐름을 읽을 수 있다. 거기에서는 '부분과 전체' 를 비롯한 여러 가지 창작상의 문제들도 발견될 것이다.

사보아 주택에 이르는 과정은, 단순히 '표층이나 부분에서 제기된 문제' 가 '전체를 지배' 하는 방향으로 성장하는 데 그치지 않았다. 앞에서 말했듯이(95쪽) 돋보이는 예술가의 초기작품은 때때로 예언과 성숙을 함께 지니고 있다. 혁명에 이르는 시행착오의 여러 가지 단계에서 독자적인 문제를 파악하고, 가능한 '부분과 전체의 관계' 를 고찰하고, 구상하여 작품이 만들어진다. 언뜻 보면 미숙한 단계처럼 보이지만, 틀림없이 이 작품만의 고유한 질을 위해 창조력이 최대로 발휘되었을 것이다.

⑰ 여러 가지 '공중에서의 공백' : '부분' 으로부터 / 사보아 주택으로

건축주가 친한 친구였기 때문인지, 혁명적 주택으로서 질적으로 높은 수준에서 처음 실현된 작품은 오장팡 주택(Maison-Atelier Ozenfant, 99쪽, 1922년)이다. 같은 시기에 지어진 다른 하얀 상자형의 사례인 레쥬의 집합주택(Lotissement de Lege, 1920~25년)이나 보크레송 주택(Villa Vaucresson, 1922년)과 비교해 보면, 전체에 독특한 긴장감이 넘치는 것을 알 수 있다. 확실히 벽면의 끝에서 뚫린 수평연속창이 눈을 끌긴 하지만, 슈타인 주택(98쪽)처럼 모퉁이를 돌아 연속되는 참신함에 이르지는 못한다. 커다란 톱 모양의 지붕 형태로 인해, 사보아 주택 같은 명석한 순수 입체와도 거리가 멀다. 필로티도 없고, 페사크의 집합주택(Quartiers Modernes Fruges at Pessac, 125쪽, 1925년)에서 볼 수 있는 화려한 색채의 매력도 없다. 그러나 최상층의 커다란 유리면은 이 모두를 보상할만한 독자성을 산출해 낸다. 서로 만나는 두 개의 면 말고도, 천창에서 풍부한 빛을 받는 천정면까지 유리창과 마찬가지로 '빛나는 정사각형' 으로 되어 있어서, 특히 올려다볼 때 그 존재는 인상적이다. 밑에서 바라보는 시선에 대하여 이들 세 장의 '빛나는 면' 이 서로 호응하여, 마치 '투명한 입방체가 떠 있는 것과 같은 효과' 를 낳는다. 사보아 주택에서는 '필로티 위의 하얀 상자' 가 현실적으로 존재한다면, 여기서는 가상적인 존재감으로 인해 '공중에서 완결된 투명한 입방체' 를 볼 수 있다.

이에 따라 오장팡 주택은 본체인 '하얀 상자' 에 '투명한 입방체' 가 중첩되어, 시각적으로 '서로 관입되는 것' 과 같은 효과를 갖는다. 9년 후 사보아 주택에서 완성도 높게 집약되는 혁명적 건축 이미지의 기본이, 부분 그것도 양의적 효과의 하나로 예언되고 있다. 슈보브 주택에서 표층적이고 부분적

르 코르뷔지에, 엥뮈블 빌라(1922년)　　　　　　　　르 코르뷔지에, 레쥬의 집합주택(1924년)

으로 실현된 것과 달리, 가상적이어도 입체적인 존재감에까지 이르고 있는 것이다.

　　르 코르뷔지에가 1920년대 전반 특히 집합주택의 계획안에서 많이 보여 준 특징 중 하나가 '공중의 보이드' 이다. 엥뮈블 빌라(Immeubles-Villas, 1922년)에서는 벽으로 된 건물본체에 직사각형의 구멍을 규칙적으로 뚫었고, 보르도 교외의 집합주택 계획(Villa-Bordeaux, 103쪽, 1925년)에서는 같은 모양의 보이드가 서로 다른 리듬을 만들어 낸다. 이처럼 공중에 거대하게 여러 군데 뚫린 부분이 오늘날에 이르도록 별로 일반화되지 않은 것은, 집합주택에서 유효성이 낮았기 때문일 것이다. 미래의 주거 유형을 예언했다기보다 오히려 건축가가 형태적으로 좋아하는 것을 우선시한 결과 나타난 특징이라고 할 수 있다. 그런 만큼 기능을 뛰어넘은 창작에서의 본질적 의미를 보여 준다고도 할 수 있다. 하얀 벽이 만드는 '실체로서의 직육면체' 에, 움푹 파인(凹) 형태가 보여 주는 '추상적 존재로서의 직육면체' 가 관입되는, 형태 드라마는 오장팡 주택에서 볼 수 있는 예언적 특징과도 거의 일치한다. 여기에서도 표층적이고 부분적이었던 슈보브 주택의 '공백 패널' 이 2차원에서 3차원으로 진화하여, '공중에서 완결되는 입체적 공백' 이 된다.

⑱ 형태적 상상력의 다면성 : '부분' 으로부터 / 사보아 주택으로

⑮-⑰항에서 살펴본 '공백의 패널', '서로 호응하는 커다란 유리면', '공중에서 고립된 보이드'는 모두 '공중에서 완결되는 가벼운 직육면체'를 암시한다. 나중에 사보아 주택에서 달성된 것에 비추어보면, 이 특징들은 사보아 주택의 형태적 혁명을 불완전하게 실현시키거나 예언한 것이라고 이해할 수 있다. 이에 따라 구체적인 양상은 전혀 다르면서도 세기말의 식물장식과 유사한 '표층이나 부분에서의 형태적 성장'을 1920년대에도 읽을 수 있다. 우선 눈에 보이는 외양에서 먼저 확인된 형태효과가 현실의 존재감을 갖기에 이르는 과정이 같다. 다양하게 선취된 이 징후들은 그대로 르 코르뷔지에가 하얀 상자형 양식을 확실하게 만드는 과정을 통해 상상력의 궤적을 투영하는 것이기도 하다. 사보아 주택의 고도의 성숙함에는 이 예언적 작품군과 거기서 나타나는 형태적 구상의 성장과정이 투영되기 있기 때문에, 독특한 생기와 풍요로움을 산출하는 것이다. 선행하는 여러 징후들은 이 형태적 혁명을 지지하는 상상력의 '저변에 깔려 있는 발상영역'을 구체적으로 가르쳐 준다. 언뜻 볼 때에는 단순해 보이는 흰색의 순수 입체의 배후에도 다양하고 구체적인 구상이 깔려 있는 것이다. 그것은 사보아 주택에 이르는 '고차원의 형태적 문제'를 해명하기 위한 복수의 시점을 알려 준다. 희귀한 창작력이 직선적으로가 아니라 오히려 다면적으로 전개되고 성숙된다는 것을 구체적으로 드러낸다. 르 코르뷔지에의 '공중에 뜬 상자'가 단순하게 '추상적, 기하학적 형태세계를 실현'한 것이라고 설명하기에는 불충분하다. 그것은 복수의 구상 가능성을 집약하는 것으로, 핵심은 단순한 직육면체를 크게 뛰어넘는 부분에 있다. 여러 개의 '미숙한 실현'은 사보아 주택에서 '고차원적인 창작'에 의해 만들어지는 다의성의 거처를 구체적으로 가르쳐 줄 것이다.

눈에 띄게 두드러진 창조력의 산물은, 언뜻 보면 미숙해 보이는 작품에서도 '나중에 활짝 개화될 테마를 불완전하게 실현'한다는 좁은 의미를 훨씬

르 코르뷔지에, 보르도 교외의 집합주택 계획(1925년)

넘어선다. 서두에서 언급한 세 가지의 선취된 징후도 예언과는 별도로 각각 독자적인 형태세계의 발상영역을 환기시킨다. 사보아 주택이 명작인 것은 분명하지만 이 주택에 갇혀 있는 다면적 상상력의 발상영역이 갖는 생생함은 오히려 앞선 징후들에서 더 잘 볼 수 있다. 사보아 주택에 이르는 과정에서 버려지거나, 진화하면서 잃어버린 것도 충분히 전개되었다면, 완전히 다른 작품세계가 되었을 것이다. 그렇기 때문에 사보아 주택에 이르는 징후로서 파악된 세 가지는, 근대양식이 혁명이라는 절정의 상태에서 성숙의 단계로 접어들 때 꼭 필요한 계기였던 것이다.

르 코르뷔지에가 거쳤을 '고도로 완성된 작품'과 '부분적이고 일면적이지만 다른 발상영역을 지닌 예언적 작품'의 상호자극은 분명 결실이 풍부한 상상력의 활동이었을 것이다. 부분과 전체의 관계로서 근대양식이 갖는 독자적인 창작과정의 긴장어린 세계를 여기에서도 엿볼 수 있다.

Architectural Form

2

'구축체', '벽', '개구부' : 오귀스트 페레

① 유기체와 구축체 : '부분' 으로부터 / 세기말의 흔적

페레가 28세에 완성한 와그람 街의 아파트(Immeuble de l'avenue de Wagram, 38쪽, 1902년)는 남아있는 작품 중 가장 초기에 속하는 작품이기 때문에 건축가로서의 출발점이 어떠했는지를 보여 준다. 7층의 석조건물로 얼핏 보면 전통적인 의장을 한 외관에서는, 창 난간에서 볼 수 있는 가늘고 기하학적인 섬세함 정도가 눈을 끈다. 입면 상부에는 세기말의 여운이라고 할 수 있는 부조 상태의 식물장식이 번성하여 벽에 붙어서 뻗어 있다. 게다가 그에 호응하는 듯이 다락층의 처마선은 물결치고 벽도 완만한 곡면으로 불거져 나와 있다. 부분적 장식뿐 아니라 파사드 전체가 마치 생명을 갖고 구불거리는 것처럼 보인다.

지하철역으로 유명한 기마르가 마찬가지로 파리에 남긴 많은 집합주택에서도 창이나 입구 주변이 이와 마찬가지로 곡선적 의장으로 되어 있다는 것이 생각난다. 식물적 곡선이 단순히 벽면에 붙어서 뻗어 있는 것에 그치지 않고 표층에서 본체로, 더 나아가 결국에는 전체를 지배하게 만드는 세기말적 상상력이, 20세기 초엽에 건축가로서 출발한 당시의 페레에게도, 다소 수수하지만 확실하게 발견된다.

2년 후에는 파리 서부인 프랑클린 가에 페레의 대표작이 된 아파트 (Immeuble au 25 bis, rue Franklin, 39쪽, 1904년)가 완성된다. 무엇보다 후대에 나타날 독자성을 예언해 주는 구체적 특징에 주목할 만하다. 예를 들어 골조만으로 규정되는 내부는 '자유로운 평면'을 직접 예언한다고 종종 지적된 바 있다. 외관의 의장에서 입면의 중간부분이 크게 돌출된 점은, 2년 전의 작품과 공통된 것이지만, 그 구체적인 양상은 다르다. 와그람 가의 아파트에서는 '땅에서 자라는 듯한' 유기적 곡선이 사용된 반면, 프랑클린 가의 아파트에서는 구축체 자체가 돌출되는 효과가 강하다. 도시형 집합주택에서는 때

페레, 와그람 가의 아파트(1902년)

때로 창이 튀어 나와 있는 돌출(凸)부를 볼 수 있는데, 이런 의장은 거의 대부분 '부분적인 것', '부가물'에 지나지 않는다는 인상을 준다. 언뜻 보면 와그람 가와 프랑클린 가의 아파트는 서로 표정이 달라 보이지만, 양쪽 모두에서 튀어 나와 있는 돌출부는 부가된 것이 아니기 때문에 쉽게 떼어낼 수 없다. 전자는 건물의 본체 자체가 생명을 갖는 것처럼 변형된 것이고, 후자는 전체를 가로지르는 골조의 일부이기 때문에, 양쪽 모두 단순한 부가물이라고 할 수 없는 형태적 의미를 나타낸다. 전체에 관련된 상상력의 산물로 만들어진 필연성을 갖는 것이다. 이 두 동의 집합주택에서 세부 디테일의 식물장식이 공통으로 사용된 점을 통해, 두 건물이 거의 같은 시기에 세워졌다는 것을 알 수 있다. 그러나 입면의 돌출부에 부여된 의미에는, 약간의 시간차가 낳은 질적 차이가 집약되어 있다. 즉 형태적 구상의 기본이, 전자의 경우에는 과거에, 후자의 경우에는 미래에 속해 있는 것이다.

② 또 하나의 '이중 투영' : '부분'으로부터 / 성장하지 않는 식물무늬

프랑클린 가의 아파트에서도 아르누보 유행의 흔적은 뿌리 깊다. 식물장식이라는 의미에서는 와그람 가의 아파트보다 철저해서 가로측 파사드의 전면을 거의 완전히 덮었다. 그러나 모티프 자체에서는, 사실적이고 부조 상태로 확실한 존재감을 가졌던 세기말적 성격이 사라졌다. 과거의 식물형태는 중력에 지배되지 않고 스스로의 힘으로 성장하는 표정과 '표층만의 자유로운 펼쳐짐' 효과를 보여 주었다.

오르타나 기마르는 물론 바그너에게도 남아있던 '발돋움하여 번성하는 생명력'을, 프랑클린 가의 아파트에서는 느끼기 어렵다. 모두 정면으로만 놓여 있고 도형적으로 단순화된 잎무늬를 잔뜩 깔아 놓은 장식 모티프는, 자연이나 성장과 같은 동적 효과와 거리가 멀다.

식물무늬가 전체를 덮고 있고, 벽이 '비실체적인 면'에 가깝다는 점에서는 설리번을 생각나게 한다. 그러나 9년 전 지어진 개런티 빌딩(83쪽)의 장식이 구축체의 표층을 덮어 변화시켰던 것에 반해, 이 건물에서는 구축적인 선형 부재를 제외한 벽 부분에만 한정되어 있다. 그 범위 내에서는 처마 밑까지 빈틈없이 채울 정도로 철저하다. 반면에 코너를 따라 두른 선형 부재는 장식 모티프와 호응하는 기미를 전혀 보여 주지 않는다. '장식 모티프는' 프레임에 대하여 무관심하고, 프레임 안에 담기지 않는다. 오히려 펼쳐진 장식 위에 프레임이 겹쳐진 것 같은 효과를 느끼게 된다. 그것은 균질적인 잎 무늬의 바다 가운데 고립되어 있는 골조라고 해야 할 인상을 준다.

카사 밀라(72쪽)는 돌덩어리가 갑자기 식물형태의 힘에 밀려서, 부분에서부터 침식되고 변형되어, 마침내 자연의 깊은 생명을 얻은 것처럼 크게 구불거리는 형태세계에 이르는 과정을 상징한다고 할 수 있다. 페레가 보여 준 세기말의 흔적도 와그람 가의 아파트에서는 기본적으로는 카사 밀라적이다.

페레, 프랑클린 가의 아파트(1904년)

그것이 2년 후 프랑클린 가의 아파트에서는 완전히 변화된다. 훨씬 작고, 균질적이고, 생명력을 억누르는 것 같은 식물형태는 오히려 의도적으로 형태를 정리하는 수단이 된다. 벽 부분을 명료하게 구분해서 칠하여, '균질한 펼쳐짐'을 강조하는 기호와 같은 효과를 보여준다.

비엔나의 마조리카 하우스(78쪽)는 프랑클린 가의 아파트보다 5년 빨리 지어졌다. 바그너의 작품에서는 창의 리듬이 규칙적인 본체에 대하여, 붉은 꽃과 녹색의 잎이 피어 올라와 펼쳐지는 장식의 운동이, 양의적인 '표층의 자립' 효과를 보여 준다. 페레의 작품에서도 '표층의 식물장식'과 '수직과 수평의 골조'라는, 스케일이나 역할이 전혀 다른 두 종류의 요소가, 각각의 독자성과 가능성을 주장하면서 대비적으로 겹쳐지는 효과가 전체를 지배한다. '이중 투영'적인 구성감각에서 전체 이미지를 향하는 긴장이 특징적으로 나타난다는 점에서, 두 건물은 공통적이다.

③ 단계적인 구성 : '부분' 으로부터 / 식물무늬의 효과

1929년에 완성된 고르디뉴 주택(Atelier Dora Gordine)과 파리의 음악학교 부속 콘서트 홀(Salle Cortot, Ecole Normale de Musique)은 모두 좁은 부지에 세워져서 가로에서 한쪽 입면만 보인다. 전자는 여성 조각가의 주거로서, 아틀리에의 커다란 유리면으로 개방성을 강조한다. 후자는 학교의 창설자인 코르트*를 기념하는 작은 홀로 안쪽으로 긴 부지를 공간적으로 훌륭히 해결하였고, 거의 개구부가 없는 거대한 벽면으로 인해 인상적인 폐쇄성을 보여주는 점이 독특하다.

두 건물 모두 커다란 코니스가 눈에 띈다. 25년 전 프랑클린 가의 아파트에서 건축가가 '코니스는 필요없다' 고 판단하면서 타협했다고 할 정도로 코니스가 조금만 돌출되었던 것과 대비된다. 이처럼 부분의 차이도 전체적 구상의 변화를 반영하는 것이다.

고르디뉴 주택과 콘서트홀은 각각 개방적 · 폐쇄적이라는 의미에서 대조적이지만, 구축체가 의장을 강력하게 지배하고 있다는 점에서는 비슷하다. 전자는 유리를 많이 사용하여, 순수한 구축체만으로 형성된 건축 이미지에 가깝다. 후자도 선형 부재가 눈에 두드러지지만, 벽면 부분은 거의 '공백' 이라고 할 수 있을 정도로 무표정하고, 적극적인 주장을 펴고 있지 않으며, 기둥이나 보의 '배경이 되는 바탕' 역할에 만족하고 있다. 개개의 벽면 부분은 하위의 작은 요소에 머물고 있으며, 두드러지려고도 또 다른 부분의 벽과 연속하여 크게 주장하려고도 하지 않는다. 두 건물은 모두 주역인 구축체가 벽이나 유리면을 하위에 두는 단계적 구성의 전형이라고 할 수 있다.

프랑클린 가의 아파트에서는 원래 '바탕' 이었을 벽면 부분이 장식으로

---

*Alfred Cortot (1877~1962년) 〈스위스 태생의 프랑스 피아니스트. 역자 주〉

페레, 고르디뉴 주택(1929년, 48쪽)　　　　　페레, 음악학교 부속 콘서트홀(1929년, 41쪽)

덮어서, 두드러지게 눈에 띄고, 적극적으로 성격을 나타낸다. 콘서트홀의 입
면과 달리, 떨어져 있는 벽은 서로 동일한 식물무늬로 되어 있어서, 하나로
펼쳐진 것의 일부라는 것을 함께 주장한다. 개개의 작은 벽 부분은 기둥이나
보에 의해 중간 중간 끊어지면서도, 오히려 구축제의 질서와 별도로 자유로
운 연속과 펼쳐짐을 강조한다. 기둥과 보의 구성 안에 어울리게 자리잡는 효
과는 후퇴하고, 질서에 대항하는 기미마저 보인다. 단계적으로 정리되었던
외양은 위협당하고, '대등한 요소가 서로 겹쳐지는' 또 다른 구성 감각이 떠
오르게 된다. 주로 장식에 의해, 콘서트 홀과는 다른 '이중 투영'이 암시된
다. 골조의 미학에는 불필요한 잔여 벽을 장식으로 덮어서 조금이라도 존재
감을 희박하게 만들려는 의도도 있었을 것이다. 그러나 오히려 벽에 남아 있
는 불순함이 이질적인 방식으로 전체적 긴장을 환기시키고 또 다른 구성감
각을 시사한다. 앞에서 본 코니스의 차이도 이런 형태세계의 기본적 차이를
반영하고 있는 것이다. 'Π형'의 완결효과가 주역이라면, 그것을 강조하기
위하여 상부를 눌러주는 무거운 수평띠가 필요할 것이다. 그러나 두 종류의

대등한 요소가 중첩되는 것이 주요한 구성효과라면, 매우 안정된 완결효과
는 강조되지 않는 편이 낫고, 보다 자유롭게 펼쳐지는 장식벽을 표현하기 위
해서도 커다란 코니스는 필요하지 않다.

④ '외양' 에서 '실체' 로 : '전체' 로부터 / 구축체의 지배

프랑클린 가의 아파트가 지어진 지 4년 후에 퐁티유 가의 주차장(Garage
in Rue de Ponthieu, 1907년)이 완성된다. 지금은 철거되었지만, 유리를 많이
써서 참신했던 작품이다. 아마 주택보다도 자유로운 시도가 가능했을 것이
다. 4년 전에 실현되었던 '골조만으로 형성된 건축 이미지' 라는 외양이, 실
제로 고립된 기둥과 보에 의해 더욱 순수해졌다. 폴 과데*가 설계하고 페레
의 회사가 시공한 뮤라 가의 아파트(Hotel Guadet, 95 Boulevard Murat, 1912
년)가 페레의 작품집**에 게재되어 있다. 목조로 오인할 만큼 가는 콘크리트
격자 이외에는, 거의 유리면으로 된 외관을 지금도 볼 수 있다. 밴험***은 이
주택의 그림을 싣고, '벗겨진 고전주의(stripped classicism)' 라고 불렀다.

'18세기의 최대 건축론 중 하나' 라고 할 수 있는 챔버스****의『공공건축
론』(1757년)은 고전주의 건축을 설계할 때의 교과서라고 할 만한 내용을 담
고 있다. 처음에는 지향해야 하는 '전체의 시각적 효과' 가 언급된다. 원시가
옥에 필요한 구축체의 기본형식을 주역으로서 가장 부각시키고, 그 다음에
다른 부분이 중요도에 따라 순번대로 눈에 비치도록 단계적으로 정리한다는
것이다. 기둥과 보의 질서에 의한 강력한 통일을 목표로 하는 것으로, 그 밑

---

*Paul Guadet (1873~1931년), 〈오귀스트 페레의 스승인 에꼴 데 보자르의 유명한 교수 줄리엥 과데의 아들
　이기도 하다. 역자 주〉
　**Roberto Gargiani,『Auguste Perret : La theorie et l' oeuvre』(Gallimard / Electa, 1994)
　***레이너 밴험(Reyner Banham, 1922-1988),『제1기계시대의 이론과 디자인』(윤재희, 지연순 옮김, 세진사,
　　1989)
****Sir William Chambers (1723~1796년)

과데, 뮤라가의 주택(1912년)　　　　　페레, 퐁티유가의 주차장(1907년)

바닥에는 주역이 되는 구축체가 내부와 외부 모두를 철저하게 지배한다는 건축 이미지가 깔려 있다. 형태적 상상력의 방향으로 볼 때, 50×50 하우스(19쪽)가 극단적으로 밀고나갔던 창작세계이다. 미스처럼 극단적이지는 않지만 유리를 대담하게 사용할 수 있었던 근대가, 고전주의의 이상이라고 할 정도로 동떨어져 있는 극한을 구체적으로 끌어들인 것이라고 할 수 있다.

　"구축은 건축가의 모국어이다"라며, 기둥과 보에 의한 미학을 찬미하는* 페레도 이 극한에 도달하는 과정에 한 몫을 하고 있다. '골조만으로 형성된 건축 이미지' 혹은 '전면 유리'는 주차장에서는 모르겠지만, 주택에서는 한쪽 입면조차도 그리 쉽지 않다. 벽을 남기면서도 골조만을 두드러지게 하는 고안이 필요한 것이다. 프랑클린 가의 아파트에서는 '없는 편이 나은' 벽을 장식으로 덮었다. 그렇게 하지 않았다면 '창 vs 기둥과 벽'이라는 대비가 두

---

*요시다 코이치(吉田鋼市, 1947~), 『オーギュスト・ペレ』(鹿島出版会, 1985)

드러지는 반면, 구축체만이 눈에 띄는 효과는 훨씬 약했을 것이다. 여기서 장식은 골조만을 고립시켜, 시각적으로 쉽게 구분하도록 만드는 형태적 정리의 수단이다. 그런 의미에서 이 아파트는 '벽에 창이 있는 건축 이미지'와 '구축체만으로 형성된 건축 이미지' 중간에 속한다. 식물장식은 이 아파트를 '구축체만으로 형성된 건축 이미지' 쪽에 보다 가까워지도록 만든다. 여기에서도 균형잡힌 두 종류의 건축 이미지를 조정하는 수단으로서 장식에 의한 이중 투영 효과의 역할을 이해할 수 있다. '완전히 골조가 지배하는 건축 이미지'로 접근하는 것도 이렇게 표층적 처리의 도움을 받은 소위 눈속임 방법에서 시작되었음을 알 수 있다.

⑤ 외양에서 원리로 : '부분'으로부터 / 불필요한 벽의 위치

건축형태의 진화를 고려한다면 프랑클린 가의 아파트 벽은 없는 편이 보다 진전된 것이다. 실제로 여기 약간 남아 있는 벽면은 "건축기준법에 따라 어쩔 수 없이 벽돌을 쌓은" 것이라고 한다. 퐁티유 가의 주차장, 뮤라 가의 아파트(113쪽), 고르디뉴 주택(111쪽)은 없는 편이 나은 벽을 면밀하게 따지고, 구축체가 지배하는 건축 이미지의 가능성을 철저하게 밀고 나간다. 새로운 극단적 가능성에 보다 가까이 가는 것이다. 그러나 이들 '진화'가 이뤄진 세 동의 유리건축에는 당연히 '이중 투영'의 효과가 없다. 순수하고 원형적이기 때문에 어느 정도 단순함만이 지배하는 안정이 느껴질 뿐, 두 종류의 건축 이미지가 암시되어 대비적으로 겹쳐졌을 때의 눈의 긴장은 사라진 것이다.

전통 건축에 익숙한 눈에는 프랑클린 가의 아파트(109쪽)의 구조체가 너무 가늘고 불안해 보였을 것이다. 페레의 제자에 따르면 은행에서 "이 건물을 저당잡기를 거절했다"고 한다. 페레로서도 대담한 실현이었던 것을 엿볼 수 있다. 20대 초반의 르 코르뷔지에는 페레의 사무소에서 14개월간 근무했

페레, 르 랑시의 노테르담 교회(1923년)

다. "페레 사무소가 있는 1층에 선 르 코르뷔지에는 불과 몇 개의 연약한 기둥만으로 받쳐진 근사한 고층건축을 눈앞에서 볼 수 있었을 것이다." "르 코르뷔지에는 이곳에서 필로티를 처음 생각하였을 것이다"*라는 상상까지 하게 된다. 더 나아가 나중에 르 코르뷔지에가 이룬 많은 혁신에, 영감을 주었던 원천이 바로 이 건물에 있다는 주장까지 있다. 구체적으로 기둥과 계단만 고정되어 있는 자유로운 공간, 옥상정원에 가까운 상층 테라스의 정원, 1층 부분이 후퇴하고 상부를 앞으로 내민 구성 등을 들 수 있다.**

한편 매일 바라보던 '이중 투영'의 형태세계가 그대로 르 코르뷔지에의 상상력에 무의식적으로 배어들었다고도 할 수 있다. 이 독특한 눈의 긴장이 여러 가지 혁신을 기본적으로 받쳐주었다고 생각된다. '고립된 골조'와 '하중을 받지 않고 자유롭게 펼쳐지는 벽'이라는 구상이 여기에 직접 암시되어

---

* 피터 블레이크(Peter Blake, 1920~), 『현대건축의 거장』(윤정섭 역, 건우사, 1989)
** 니시무라 히사지(西村久二), 『オーギュスト・ペレ』(신건축, 4207)

있다. 이러한 '이중 투영'은 전면 유리 건축을 목표로 하다가 미처 충분히 진화하지 못한 상태가 아니라, 오히려 전혀 다른 형태세계를 이끌고 간다는 것을 알 수 있다. 르 코르뷔지에 5원칙의 기본은 '수직 기둥과 수평 창의 이중 투영'이라고 할 수도 있다. 이것은 과거의 단계적인 구성감각에서는 구상할 수 없는 것이다. 식물형태는 세기말의 폭발적 유행을 낳았지만, 그 '새로움'이라는 바로 그 이유 때문에 곧 식상해 버려졌다. 그러나 일단 강력하게 의식된 펼쳐진 표층의 감각과 이에 수반되는 눈의 긴장은 지속되어, 창작적 상상력을 구체적으로 변화시켰다. 근대양식에 이르는 형태적 상상력의 전개에 있어서 세기말 예술이 이룬 촉매적 역할을 여기에서도 발견하게 된다.

⑥ 즉물적 이중 투영으로서의 근대 : '부분'으로부터 / 반투명의 피막

파리의 교외 르 랑시에 세워진 교회(Notre Dame du Raincy, 1923년)는 페레의 대표작이며, 새로운 교회의 의장으로 크게 영향을 미쳤다. 산뜻한 스테인드글라스로 둘러싸인 실내는 중세 고딕양식을 상기시킨다. 그러나 기둥과 외벽은 명료하게 분절되어 있다. 자립하는 구조체와 하중을 받지 않는 칸막이 벽의 조합은 근대양식의 기본원리 그 자체이다. 내부에 세워진 가는 기둥은 새로운 기술의 위력을 과시한다. 과거부터 눈에 익숙했던 교회 공간에 대한 기억이 농후하다는 점에서는 보수적인 취미를 갖고 있는 사람에게도 받아들여지기 쉽고, 다른 한편으로는 혁신적 시도도 엿보인다는 점에서 폭넓게 평가되었을 것이다.

내부는 직접적으로 프랑클린 가의 아파트를 생각나게 만든다. 무엇보다 이전에는 식물무늬가 펼쳐지는 것 안에서, 시각적인 효과로서만 고립되는 인상을 주었던 가는 기둥이, 여기서는 실제로 하나하나 독립되어 있다. 또 유리를 끼운 유공블럭 피막은 화려하고 자유롭게 펼쳐져 있고, 이에 더하여

페레, 르 랑시의 노테르담 교회(1923년)

'가는 요소의 밀집' 이라고 해야 할 효과도 이전의 장식 타일에 가깝다. 보다 순수하게 '반투명한 펼쳐짐' 만을 표현하면서, 동시에 "실제로 식물이 얽혀 면이 되면 이렇게 될 것이다" 라고 생각되는 효과를 보여 준다. 이전에는 하나의 파사드 안에서 거의 나누어 칠한 것처럼 구별된 채 공존하고 있던 '장식면' 과 '골조' 가, 완전히 별개의 요소가 되어 각각 다른 가능성을 주장하는 상태로 겹쳐진 것이 눈에 띈다. 표층이 구조체에 종속되는 일 없이 자유롭게 펼쳐질 수 있었다는 점에서, 세기말 장식은 여전히 유효하다. 그러나 프랑클린 가의 아파트가 '가상적 이중 투영' 이라는 시각적 효과를 보여 주었다면, 여기에서는 그것이 실제 분절되어 '즉물적 이중 투영' 에 도달한다. 바그너의 마조리카 하우스에서 확인된 '가상적인 표층의 자립' 이 즉물적 표현으로 진화(82쪽)하여 우편저금국이 되었던 것과 마찬가지로, '이중 투영' 을 실현하는 수단이 '외양' 에서 '원리' 로 진화한 것으로 이해할 수 있다. 눈이 선행하고 즉물적 실현이 뒤따라간다. 시각적 상상력이 주도하여 원리적인 해결에까지 도달했던 것이다.

르 코르뷔지에도 이 교회의 내부를 극찬했다고 한다.* 둘 다 자유로운, 수직선과 피막의 펼쳐짐 사이의 대비는, 기본적으로 눈에 미치는 효과로 보자면, 근대양식 그 자체였다. 정면의 탑을 비판한 것은,** 지나치게 직접적으로 전통적 교회를 연상시키기 때문이기도 하지만, 이보다도 위에서 말한 가장 참신한 대비를 약화시키고 말았기 때문일 것이다. 이 건물은 세기말적이고 장식적이라고 할 수 있는, 화려하고 비실체적인 펼쳐짐의 효과가 그대로 근대양식의 원리와도 연속될 수 있다는 것을 보여 준다.

⑦ 네 모서리에 세워진 기둥 : '부분' 으로부터 / 기둥의 위치

르 코르뷔지에의 에스프리 누보관(Pavillon de l' Esprit Nouveau, 1924년) 덕분에 잘 알려져 있는 국제장식박람회(1925년)에, 페레는 출판사의 파빌리온을 설계했다. 평면은 정사각형으로, 네 모서리에는 껍질도 벗기지 않은 전나무 원목이 서있고, 보와 그 위의 차양은 콘크리트로 만들어졌다. 이들 구축체 외에는 거의 전면 유리로, 최소한의 수직 · 수평 부재만이 지배하는 원형적인 건축 이미지가 실현되었다. 그 해에 철거되기는 했지만, 이전 퐁티유 가의 주차장이나 뮤라 가의 아파트(113쪽)의 가로측 입면을 환기시키는 가능성이 전체에서 나타난다.

필립 존슨 자택(The Glass House, 1951년)은 이 건물과 많이 닮았다. 단순히 유리의 투명성에 기대어 '오직 구축체만으로 환원된 건축 이미지' 에 접근했다는 점도 있지만, 이보다도 기둥이 네 모서리에 서 있기 때문이다. 50× 50 하우스(20쪽)나 판스워드 주택 등 미스의 유리건축에서는, 모서리에 기둥

＊ 요시다 코이치(吉田鋼市),『オーギュスト・ペレ』앞의 책
＊＊ 위의 책

레, 알베르 레비 출판사관 (사마리테뉴 백화점관)(1925년) 필립 존슨 자택(1951년)

이 없다. 더 나아가 지붕이나 바닥의 수평판을 아래에서 지지하는 것이 아니라, 측면에서 기둥으로 지지하고 있는 표정이 독특하다. 페레의 파빌리온에서는 무엇보다 보나 차양이 무겁게 씌워져 있어서, 위에서부터 전체를 확실하게 누른다. 존슨 자택에서도, 다소 명쾌함이 결여된 표현이지만 기둥은 일단 상부에서 수평 부재로 끊어진다. 이 두 가지 예에서는 네 모서리에 세워진 기둥의 상부가 수평 부재로 제한된, 강한 'ㄇ 형'의 닫힌 형식이 지배한다. 반면에 미스 작품의 세부 디테일 표현은 그러한 완결효과에서 벗어나 있다. 기둥은 모서리를 피하고, 상부도 눌리지 않고 위로 뻗어갈 수 있는 표정이며, 지지하는 부재와 지지받는 부재가 닫힌 형식에서 벗어나 있다. 언뜻 보면 완결적인 구축체에, 몬드리안 회화로 상징되는 '요소가 교차하면서 환기시키는 확장'이라 해야 할 공간 이미지가 겹쳐진다. '유리 상자'라는 점에서 유사해 보이지만, 시사하는 형태세계는 서로 다른 것이다.

　최소한의 선형 부재만으로 원형적 건축 이미지를 나타내는 것은, 형태적 상상력의 한쪽 극단을 구체적으로 확인시켜 준다. 여기에서는 미미하지만 구성적 의미의 핵심이라고 할 수 있는 부분의 차이가, 가능한 전체 이미지,

더 나아가 형태적 상상력이 펼쳐지는 방식을 구체적으로 암시하고 있다.

르 코르뷔지에의 도미노 계획안에서는 판과 수직 부재가 또 다른 방식으로 교차되어 있다. 머리가 눌린 수직선은 대지로 향하지만, 기둥은 면을 관통하여 위로 연장될 수 있다는 것을 표현한다. 따라서 도미노 계획안은 수평면도 수직선도 모두 자유롭게 성장할 수 있는 효과를 갖는다는 점에서, 과장해서 말하면 단순하게 교차하는 것 이상으로 '이중 투영'적이라 할 수 있다. 페레나 존슨에게서 볼 수 있는 고전적인 폐쇄감과 그에 의한 단계적 구성을 벗어난, '완결되지 않은 겹침'이 시작되는 것이다.

⑧ 고립된 선형 부재의 긴장 : '부분'으로부터 / 풀어 헤쳐지는 다발 기둥

철을 많이 사용한 종교건축의 초기 예로 상튜제느 교회*(St. Eugene, 37쪽, 1855년)가 있다. 외관은 개성이 없지만, 내부에서는 첨두 아치, 리브 볼트, 트레서리 등 고딕양식의 세부 디테일을 모두 철재로 바꾸었다. 새로운 소재의 위력이라고 할 만한 것도 있지만, 이보다는 눈에 익숙하고 사람들의 기억 속에 확고하게 자리 잡고 있던 양식이, 눈에 주는 부분의 놀라움에서부터 변화하기 시작한다는 것을 알 수 있다.

눈을 끄는 것은 기둥의 가늘기이다. 철골 기둥은 18세기 중반에 나타났다. 고전주의적인 의장 안에 철골의 가는 기둥이 눈에 띄는 앙리 라브루스테 Henri Labrouste(1801~1875년)의 셍트 쥬느비에브 도서관(Bibliotheque Sainte-Genevieve, 1851년)도 이미 완성되어 있었다. 중세의 고딕양식은 굵은 돌기둥을 가는 선형 부재의 다발 같이 보이게 만들었다. 기둥의 표층에 부풀어 오른 수직선에 의해 중력에서 벗어난 상승감이 촉진되기 때문에, 눈을 놀라게 한

---

*브왈로(Louis Auguste Boileau, 1812~1896년)가 설계

브왈로, 상튜제느 교회(1855년)   앙리 라브루스테, 셍트 쥬느비에브 도서관(1840년)

다. 그러나 조금 정신을 가다듬고 보면, 이렇게 압도적 효과도 중량감이 넘치는 돌덩이의 존재감에 의해 부정되어 버린다. 그러나 이 교회에서는 '실제로 현저하게 가는 기둥'이 쭉 늘어서 있다. 과거에 표층적 처리에 의해 '외관상으로만 가늘기'를 과시했던 다발 기둥이, 풀어헤쳐져서 기둥 하나하나가 고립된다. 고딕양식 본래의 놀라운 시각적 효과를 실제로 손으로 만져서 확인할 수 있다. 표층을 따라 가볍게 상승했던 독자적인 눈의 긴장에 대한 과거의 기억이, 실제의 요소 그 자체로 진화한 것이다. 돌에서는 '시각적 효과로서의 표면장력'이었던 것이, 철에서는 실제로 가늘어진다. 눈속임 그림과 같은 효과가, 새로운 현실에 뿌리내린 원리로 질적으로 전환되기 시작하는 것이다.

상튜제느 교회에서는 중세의 초월적 공간으로 말려 들어가는 효과가 미약해 지고, 실제로 가늘게 죄어진 기둥의 존재감에서 비롯된 명쾌한 리듬이 지배하기 시작한다. 눈에 익숙한 교회 내부와 비교하여 훨씬 가늘고 넓은 간격으로 늘어선 기둥은 거의 '고립된 수직선'이라는 인상을 준다. 다발 기둥에는 없는 고립, 자유라는 미학이, 통풍이 잘되는 새로운 공간 이미지를 환기시키는 것이다. 내부를 세 개의 회랑으로 나누는 효과가 약해지고, 하나의 큰 공간 안에 가는 기둥이 죽 늘어선 인상에 가깝고, 훨씬 '투명한 확장'을 예고하기 시작한다. 처음에 이 교회는 본래 돌의 형태였던 기둥이나 리브를 철로 바꾸었을 뿐, 새로운 재료의 새로운 가능성을 시도하지 않았다고 비판되었다고 한다. 그것을 부정할 수는 없지만, 그와 동시에 역사적 양식의 세부 디테일에서 '돌을 철로 바꾸었을 뿐' 이라는 단순하고 다소 미숙하다고 할 수 있는 처리 때문에 만들어진 독특하고 낯선 부분이, 다소 과장하자면 역사상 이 시기에만 가능했던 독자적인 긴장감과 환기력을 생생하게 주장하고 있다. 확실히 미는 '눈을 놀라게 만드는 새로움에 깃든다' 는 측면이 있다. 그것이 부분에서 시작되는 '풍성함을 낳을 수 있는 눈의 긴장' 으로서, 공간 이미지의 질적 변화를 보다 크게 촉진시키고 성장시켜 가는 것을 볼 수 있다.

⑨ '외양' 에서 '원리' 로 : '부분' 으로부터 / 나뭇잎이 무성한 반투명

최초의 아르누보 건축이라 불리는 타셀 주택의 계단실(67쪽)에서는 발밑에서 피어오르는 식물무늬가 눈길을 끌었다. 대지에서 자연스럽게 자라난 것 같은 표정이 세기말의 특징이기도 하다. 기마르의 지하철역에서 주철은 위로 자라는 식물에 가깝다. 성장하는 생명력을 환기시키는 것은 자연에 대한 신뢰의 표현이라고 할 수 있다. 그러나 이와 대조적으로 다소 기계적이라 할 정도로 똑같이 꽉 채우는 장식방법의 예도 있었다. 개런티 빌딩(57쪽)에서는 테라코타 표면에 새겨진 식물무늬가 전체를 비실체적으로 보이게 만든다. 치밀하고 똑같은 장식은 물체의 밀실함을 약화시켜, 거의 바구니와 같은 존재감에 가깝게 만드는 것이다. 카사 비센스의 문짝(51쪽)에는 종려나무 잎이 밀집되어 있고, 요제프 마리아 올브리히Joseph Maria Olbrich (1867~1908년)

기마르, 파리의 지하철역(1899년)　　　올브리히, 시세션관(1898년)단면모형

의 시세션관 최정상부(36쪽)에는 월계수 잎이 뒤엉켜 있는데, 두 경우 모두 투과적인 면이 특징적이다. 이들에게는 아르누보의 중요한 특징이라 할 수 있는 '비대칭적인 운동감'은 없다. 강하게 완결적인 모티프의 동형반복은 생명이나 성장에 대한 신뢰와 거리가 멀지만, 세기말적 상상력의 다른 측면을 부상시킨다는 점에서 흥미롭다. 이차원적인 형태세계에 대한 신뢰 덕분에 '무성한 잎이 만드는 반투명한 면'의 효과까지 발견했던 것이다. 식물형태를 계기로 물체의 무게나 존재감에서 벗어나려는 또 하나의 방식으로, 장식이 밀집하여 만드는 반투명하고 추상적인 표층 그 자체의 존재감에 다가갔던 것이다.

　앞의 가우디나 올브리히의 예에서는 잎만을 따와서 펼쳐놓았다. 무성한 잎을 올려다보면 나뭇잎 사이로 햇빛이 비치는 듯한 반투명 효과마저 연상시킨다. 프랑클린 가의 아파트(109쪽)의 타일무늬도 '밀집한 잎'이라는 점에서는 유사하다. '장식적 반투명'이라 해야 할 르 랑시 교회(115쪽)의 피막도 이와 직접적인 연장선상에서 있는 셈이다. 이전에는 시각적 효과에 지나지 않던 것이 실체를 얻는다. 이중 투영의 상상력이 눈속임에서 현실의 구성으로 진화한다. 부분이나 표층의 특징이 확대되고 성장하는 구체적인 양상 중에는, 이 '눈의 놀라움'을 그대로 고정시킬 수 있는 구체적 방법의 발견으로 이해할 수 있는 것도 있다. 이렇게 획득된 독자적인 눈의 긴장을 보다 즉물적이고 전체적이고 원리적으로 실현시키려는 것도 창조적 전개 능력의 하나이다. 르 랑시 교회는 우편저금국(82쪽)과 마찬가지로 세기말의 '표층을 따라 미끄러지는 눈'이 '자유로운 피막'으로 진화한 예라고도 할 수 있다. 이중 투영에 대한 바그너와 페레의 차이가 실제 표층을 만드는 방법에도 반영되어 있다. 눈에 보이는 외양이 요소로서 자립해 가는 구체적인 양상에, 원리적인 의미에서의 전체 이미지가 암시되어 있다. 더 나아가 '표층을 따라 미끄러지는 눈의 효과'에 최고의 방법적 필연성을 부여한 즉물적 형태가 바로 르 코르뷔지에의 수평연속창이라고도 할 수 있다(161쪽).

⑩ 창의 인간적 의미 : '부분' 으로부터 / 수직창과 수평연속창

1924년 7월 르 코르뷔지에가 브로뉴 가까이에 가설된 미술관을 방문하였을 때, 설계자인 페레가 가죽소파에 앉아있는 것을 보게 되었다. 반년쯤 전에 페레는 르 코르뷔지에가 주장한 수평연속창 등의 혁신을 신문지상에서 통렬히 비판한 바 있었다. 그러나 이 목조건물의 홀에도 유리를 깨끗하게 끼운 수평연속창이 있었다. 지난 날 1년 남짓 페레 밑에서 배웠던 르 코르뷔지에가, 여기서는 페레와 논쟁을 벌이게 되었다. 「현대적인 창의 연구에 대한 작은 공헌」이라는 글*에 수록된 문장에는 그때의 대화가 감상과 함께 적혀 있다.

---

* 르 코르뷔지에, 『에스프리 누보 : 근대건축명감 1926』 (山口知之 일역, 鹿島出版会, 1980)

「에스프리 누보」에 실렸던, 르 코르뷔지에가 페레를 그린 스케치

르 코르뷔지에, 페사크 집합주택(1925년). 사는 사람들이 양쪽 끝을 막아서 수직창으로 바꾸기도 했다. (오른쪽)

수직창을 "조적조 건축의 치명적인 결과"라고 본 르 코르뷔지에는 수평연속창이 "철근 콘크리트의 필연적인 결과"라고 주장한다. 반면 페레는 "수평연속창은 창이 아니다. (단호하게) 창, 그것은 인간이다!"라고 말한다. 이에 대하여 르 코르뷔지에는 "기습적인 말은 하지 맙시다. 암호 같은 말은"이라고 답했다.

확실히 창의 형태에서 이 스승과 제자의 차이가 두드러진다. 일찍부터 수평연속창의 유효성을 주장한 르 코르뷔지에는, 특히 1920년대에 여러 가지를 실현했다. 반면에 페레는 여러 가지 근거를 보이면서 수평연속창 특히 주택에서의 수평연속창을 비판했다. 몇 가지 예외를 빼고는 수직창을 고집하면서 그것이 입면의 기본적 특징이 되도록 했다. 근거는 수직창이 "인간의 실루엣에 맞는다" 또 "수직선은 생명의 선이며, 반대로 수평선은 죽음과 휴식의 선"이라는 것이다.* 앞의 대화에서 르 코르뷔지에가 다소 초조하게 '기습적인 말, 암호'라고 비난한 페레 발언의 진의를 알 수 있다. 두 건축가는 모

* 요시다 코이치(吉田鋼市),『オーギュスト・ペレ』앞의 책

두 과거에서부터 커다란 창을 목표로 해왔으며, 르 코르뷔지에는 벽의 왼쪽 끝에서 오른쪽 끝까지를, 페레는 바닥에서 천정까지를 뚫었다. 이 명료한 대비는 창의 형상이라는 범위를 넘어 있는 문제이다. 건축적 상상력, 특히 '부분과 전체' 더 나아가 여기에 깃든 '인간의 이미지' 라는 기본 문제에 관련해서 중요한 차이를 엿볼 수 있다.

르 코르뷔지에의 당시 작품인 레쥬(1920년)나 페사크(1925년)의 집합주택에서 수평창은 아직 옆으로 그리 길지 않다. 그러나 주민들이 양쪽 끝을 막고, 전통적 창 모양과 비슷하도록 수리한 예가 많다. 실내가 너무 밝고, 안도 밖도 동일한 것이 확장되었다고 느껴질 정도여서, 사는 데 불편하여 참을 수 없었던 것일까? 앞의 대화에서도 페레는 "나는 파노라마에 공포를 느낀다" 라고 언급했다. 자신의 위치가 정해지기 어려운 데서 오는 불안감이라고 해야 할까? 1920년대 중반 르 코르뷔지에의 수평연속창은 작품의 규모와 더불어 커졌다. 내부와 외부의 차이를 극소화하였을 뿐 아니라, 어디에서 멈춰서 밖을 바라다보면 좋은지조차도 지시해 주지 않는 거대한 폭의 창은, 인간과의 대응이 결여된 요소로 사람들을 당황하게 하였을 뿐이었던가?

⑪또 하나의 원형 : '전체' 로부터 / 수직창을 내는 상자형

카산드르 주택(Casa Cassandre, 1925년)은 베르사이유 시가지에 있다. 전혀 장식이 없는 직사각형의 날카로운 윤곽을 보여주는 외관은 근대양식에 가깝지만, 창만은 세로로 길다. 벽면을 따라 눈이 수평으로 미끄러지지 못한다. 기둥에서 볼 수 있는 수직형의 리듬은 눈을 멈추게 만들고, 시대를 거슬러 올라가게 만든다. 같은 해에는 박람회 파빌리온(119쪽)이, 그 전해에는 바로 앞 쪽에서 언급한 가설미술관(125쪽)이 완성되었는데, 두 건물은 서로 완전히 다르다. 아마 다양하게 시도해 보던 시기였기 때문일 것이다. 확실히 고

페레, 카산드르 주택(1925년, 48쪽)

전주의자 페레에게 유리 파빌리온이 보여 주는 '구축체만이 지배하는 건축미'는 하나의 이상이었을 것이다. 그러나 그의 작품집에는 기둥이나 보가 보이지 않는 '상자형'의 의장이, 특히 주택에서 많이 나타난다. 전혀 장식이 없는 상자형에 수직창이 뚫려 있는 정도의 의장도 주목하고 있었던 것이다. 1925년에 완성된 두 작품은 페레가 전개한 내용을 각각 상징하는데, 이는 '구축체형'과 '상자형'이란 두 계열로 설명된다.

　　창은 '인간을 위한 공간'이 내부에 있다는 것을 입증해 준다는 점에서 건축의 본질적 요소라 할 수 있다. 수직창은 사람이 멈추어 서서 밖을 바라보는 위치를 지시해 준다. "창, 그것은 인간이다!"라는 말에서, 건축형태 안에 인간 이미지의 자리를 설정해 놓고 구상하는 상상력을 볼 수 있다. 수직창은 통상 1층 정도의 높이가 한도일 것이다. 멈추어 서서 직립하는 한 인간에 대응한다는 의미에서 벗어나지 않는 것이다. 아무리 거대한 건물일지라도 이런 효과를 갖는 수직창을 반복시켜 입면을 만든다면, 보는 사람도 자신의 위치를 확인하면서 내부와 외부를 걷고, 전체를 파악할 수 있을 것이다.

수평연속창은 수직창과는 완전히 다른 표현 가능성을 지닌다. 1920년대 르 코르뷔지에 작품은 '옆으로 긴 창의 확대과정'을 보여 준다. 레쥬의 집합주택(101쪽, 1920년)과 보크레송 주택(1922년)에서는 '다소 옆으로 긴' 정도였지만, 오장팡 주택(99쪽, 1922년)에서 페사크 집합주택(1925년), 쿠크 주택(Villa Cook, 1926년)에 이르면, 하얀 직사각형 벽면의 끝에서 끝까지를 기계적으로 벽을 뚫은 듯한, 소위 '최대 폭으로 하려는' 의도가 두드러진다. 수평연속창만으로 표정이 결정되는 의장에 가까워지는 것이다. 더 나아가 슈타인 주택(172쪽)에서는 모퉁이까지 돌아서 연속될 정도이다. 수평연속창이 점차 확대됨에 따라, 의장의 참신함도 점점 더 강력해 진다. 입면의 폭 전체를 옆으로 자르는 거대창은 전체와 직접 관련되는 효과를 지니기 때문에, 그것이 커질수록 페레가 중시하던 "창, 그것은 인간이다!"라는 효과는 사라진다. 혁명적 건축상에는 인간의 이미지가 겹쳐지기 어려운 것인가? 아니면 전혀 다른 '인간과 건축형태의 대응'이나, 질적으로 다른 구성이나 자리매김을 읽어낼 수 있는 것인가?

⑫ '구축적 형태세계'와 '도형적 형태세계' : '부분'으로부터 / 입면의 돌출(凸)부

거의 같은 시기에 파리에 완성되었고, 마찬가지로 건축가가 생애를 보낸 두 채의 아파트가 있다. 페레와 르 코르뷔지에 모두 자신이 설계한 건물의 위층에서 살며, 아래층에 있는 설계사무소로 내려가는 일상을 반복했다. 두 건물은 모두 외관에 커다란 직사각형의 돌출부가 있다는 점에서 유사하다. 페레의 레누알 가의 아파트(Immeuble au 51-55 rue Raynouard, 134쪽, 1932년)는 약 30년 전에 그가 살았던 프랑클린 가와도 가깝다. 내부와 외부 모두 콘크리트 구조체가 노출되어 있고, 창은 수직으로 천정에서 바닥까지 뚫려 있는, 전형적인 페레 작품이라고 할 수 있다. 집합주택의 단조로워지기 쉬운 입면을

르 코르뷔지에, 아파트(1933년)　　　　르 코르뷔지에, 프라네스 주택(1925년)

활기 넘치게 만드는 커다란 돌출부가 주요한 기둥에서 캔틸레버로 지지된다는 것은, 언뜻 봐도 알 수 있다. 전체를 가로지르는 구축체에 의존한다는 점에서 안정감을 준다. 골조 자체에 풍부한 표정을 부여한 의장으로, 프랑클린가의 아파트에서 요철이 구축체 자체의 표현이었던 것과 유사하다(109쪽). 반면 르 코르뷔지에가 살았던 아파트(Immeuble, 24, Rue Nungesser-et-Coli, 1933년)의 돌출부는 다소 당돌해 보인다. 페레의 경우와 달리 뒤쪽의 기둥에 직접 지지되는 것으로 읽기 어렵다. 구조체가 아닌 피막처럼 보이는 벽면에서 직접 돌출되기 때문에 다소 불안정한 인상을 준다. 지지관계를 읽어내고 구축적인 위치를 감지하면서 이 돌출부를 이해하기는 곤란하다.

　　8년 전의 프라네스 주택(Villa Planeix, 1925년)도 마찬가지로 '□자형'의 입면 구도로 되어 있다. 일찍이 하얀 상자형 주택에서 시도된 형태효과가 다소 다른 의장의 아파트에 전해진 것인지도 모른다. 그런 점에서 입면중앙의 돌출은 앞에서 설명한 '공중의 보이드'(101쪽)와 대비되는 요소라고 할 수 있다. 오장팡 주택에서는 유리면의 상호 호응을 통해, 엥뮈블 빌라에서는 움푹 파인(凹) 부분을 통해 만들어지는 효과 즉 '건축 본체에 관입된 입방체' 의 또 다른 양상이라고 이해할 수 있다.

구축체가 철저하게 지배하는 페레의 작품에서는 공중의 직사각형도 '보의 돌출' 이 만드는 돌출부로서 자리 잡는다. 이렇게 구조적 정합성에 의해 지배되는 상상력을 기준으로 볼 때, 르 코르뷔지에가 구사한 '공중의 입방체' 는 당돌해 보인다. 페레의 돌출은 '자리 잡게 만드는 문맥이 과거부터 있던 그대로여서 쉽게 읽어지는' 것에 반하여 르 코르뷔지에의 돌출은 어떻게 자리를 잡은 것인지 이해하기 어려워, '고립' 적인 요소에 가까워 보인다. 하지만 '비실체적이고 추상적인 돌출물' 이라는 구상에 따른 의장을 강조하기 위해서, 오히려 구조적으로 읽기 어렵게 만들 필요가 있었을 것이다. 구조 즉 '물체의 조립' 에서 비롯된 필연성을 중시하는 상상력을 억누르고, '기하학 형태의 구성' 을 중시하는 눈을 갖게 되면, 무게 없는 순수 입체가 서로 관입하는 효과를 보게 된다. 모든 것을 대지로 수렴시키는 구축질서에 의한 돌출부와, 대지를 거부하고 자립한 도형적인 풍부함으로 향하는 돌출부의 차이가 이 두 가지 예에 집약되어 있다.

⑬ '표면장력' 과 '구부려진 판' : '부분' 으로부터 / 입면의 돌출(凸)부

입면의 돌출부로서 일반적인 것은 돌출창일 것이다. 돌출창은 대부분 하부가 브래킷으로 보강되어 부분적으로 덧붙여져진 것처럼 보인다. 이와 달리 와그람 가의 아파트(107쪽)처럼 크게 굽어 있는 파사드에 전체적으로 꽉 짜여진 것처럼 보이는 예도 있다. 르 파리장 신문사 사옥(Le Parisien Office, 36쪽, 1905년)*의 돌출 부분은 내민창이라고 할 수 있지만, 아래에서 지지하는 철골부재는 브래킷이라 하기에는 너무 거대하고 표정도 색다르다. 맨 아

슈단느, 르 파리지안 신문사 사옥(1905년)　　　　　　　　　루 스피츠, 귀느멜가의 아파트 (1925년)

래와 상부에는 곡선 모양이 있어서, 덩굴이나 줄기가 대지에서 뻗어 올라가
는 것처럼 보인다. 이 잡아 늘여진 선형 부재로 인해 부분적인 요소였던 내민
창은 입면 전체에 꽉 짜여진 것으로 보이게 된다. 페레가 와그람 가에서 보여
준 곡면 모양으로 튀어 나온 돌출부의 효과가 여기서는 최소한의 골조만으
로 실현되어 있다. 기본이 되는 것은 참신한 유리건축이지만, 표층에 유기적
운동이 겹쳐져 있다. 장식에서 시작된 성장 이미지가 이제 구축체와 거의 융
합되고 있다. 여기에서도 세기말에 나타났던 눈의 긴장이 보다 중요하고 실
체적인 요소가 되어 근대를 예언하고 있음을 알 수 있다.

　르 코르뷔지에와 나이가 거의 비슷하고 페레와 마찬가지로 고전주의 전
통을 몸에 익혔고, 한때 에콜 드 보자르의 교수이기도 했던 미셸 루 스피츠
Michel Roux-Spitz (1888~1957년)가 파리에 지은 아파트(Immeubles rue

＊ 슈단느(Georges-Paul Chedanne, 1861~1940년)가 설계

Guynemer, 1925년)의 파사드에서도 돌출부가 눈에 띄게 두드러진다. 장식이 없는 하얀 벽이 지배하고, 창도 수평으로 끝에서 끝까지 끼워져 있어서 언뜻 보면 근대양식에 가깝다. 그러나 르 코르뷔지에가 훌륭하게 달성했던 혁신적 특징인 '내부의 용량을 가볍게 감싸는 효과' 와는 거리가 있어 보인다. 세기말과 초기 르 코르뷔지에를 이어 주던, 눈의 긴장이라 할 만한 '표면장력' 이 없다. 수평연속창을 닮기는 했어도 슈타인 주택 등과 달리 벽에 너무 깊이 박혀 있어서 끊어져 보인다. 벽은 희지만 얇은 인상을 주지 못하고, 상당한 두꺼움 즉 무게를 지니고 있어서 '실체적인 판' 의 효과가 강하다. 라 로쉬 잔느레 주택(Villa la Roche-Jeanneret, 56쪽, 1923년)의 경우와 마찬가지로 수평연속창을 지닌 휘어진 흰 벽은 안에서 부풀은 듯한 표정으로, 오히려 내부를 채우고 있는 공간의 존재감을 느끼게 한다. 여기에서 돌출은 물체로서의 확실함을 전제로 '두께를 갖는 판이 구부러진 결과' 로 보인다. 무거운 매스도 아니고 가볍고 얇은 피막도 아니라, 그 중간이라 해야 할 '다소 자유로운 판' 이 공간을 에워싸는 효과라고 할 수 있다. 더구나 아랫부분과 윗부분이 구별된 3층 구성까지 암시되고 있다. 고전적 구성을 기본으로 해서 시각적으로 판의 집합체로 변환시키는 점만 고려해 본다면, 오히려 바그너나 호프만에 가까워 보인다. 단순한 '입면의 돌출' 이라는 부분적 특징조차도, 건축형태로서의 전체적 문제에 깊숙하고 긴밀하게 관계되는 것을 알 수 있다. 앞쪽(129쪽)에서부터 살펴본 네 가지 사례는 거의 같은 시기의 작품이지만, 각각의 돌출부는 건축가가 배후에 지니고 있는 창작적 상상력을 서로 다르게 펼치고 있다는 것을 보여 준다.

⑭ 가르슈의 또 다른 주택 : '전체' 로부터 / 내부와 외부를 통합하는 수직창의 질서

르 코르뷔지에의 슈타인 주택(172쪽)이 지어진 지 5년 후에, 페레도 가르슈에 자신의 대표적인 주택작품을 만들었다.(La maison de Nubar Bey, 46쪽, 1932년) 두 건물 모두 접근로 쪽에서 보면 단순한 상자형이며, 뒤쪽에는 커다란 테라스와 정원으로 이어진 계단을 갖고 있다. 페레의 건물에서 테라스는 단차를 이루고, 주층과 대지는 느슨하게 연결된다. 대지 자체가 위로 솟아오른 것처럼 보이는 완충공간이라 할 수 있다. 반면에 슈타인 주택은 희고 가벼우며, 정상부에 차양도 돌출되지 않아 기하학적 입방체에 가깝다. 대지 위에 돌연히 놓인 것 같은 당돌함이 있다. 건물이 놓이는 장소와 확실한 관계를 맺고 있는 것처럼 보이는 효과는 아주 약하다. 뒤쪽의 테라스 부분도 마찬가지여서, 오히려 본체에서 도려낸 움푹 파인(凹) 공간이 내부와 외부의 중간영역을 이루고 있는 인상을 준다. 그것은 주택 본체와 대지를 느슨하게 이어 주기보다는 양자의 중간에 고립되어 있는 보이드에 가깝다. 계단은 이렇게 '공중에 완결되어 있는 직육면체 공간'에 닿기 위한 수단이 된다. 서로 대비되는 '완결된 입체'와 '계단'의 조합은 예술가의 집(30쪽), 루슈르 주택계획안(Maisons Loucheur, 187쪽, 1929년), 오장팡 주택 겸 아틀리에 등에서도 확인되는 원형적 세트로, 페레 작품의 특징과는 아주 다르다.

두 가르슈 주택에서 창은 완전히 다르다. 슈타인 주택에서는 수평연속창이 모서리를 돌면서, 최대의 가능성을 주장한다. 반면에 페레는 철저하게 수직창으로 일관한다. 기둥과 보로 인해 이미 두드러지게 암시되고 있지만, 직각수직형의 반복은 창에 의해, 더 나아가 창을 분할하는 새시에 의해 더욱 강조된다. 전체적으로는 크게 돌출된 차양 아래에서 개구부가 만드는 수직선의 리듬이 인상적이다. 눈은 한 번에 미끄러지는 것이 아니라, 대지로 향하는 수직선의 효과를 하나하나 확인하면서 움직이게 된다. 슈타인 주택에서 눈이 표층을 미끄러지면서 내달리는 것과 달리, 여기에서는 열주가 각인시키는 리듬에 가까운 효과를 느낄 수 있다. 내부에서도 바닥부터 천정까지 뚫린

페레, 레누알가의 아파트(1932년)   페레, 누발 베이 주택(1932년) - 가르슈 주택

개구부가 기본적 질서를 형성한다. 커다란 수직창이 반복되면, 구축체와 마찬가지로, 동일한 효과가 내부와 외부를 지배하게 된다는 것을 알 수 있다. 창 이외에 실내장식에서도 기본이 되는 수직형태가 두드러져서 수직성의 리듬이 지배한다. 반면 르 코르뷔지에의 경우는, 눈이 입면의 표층을 따라 미끄러지면서 이와 대비되는 깊이 방향을 의식하는 것이 독자적인 효과를 만든다는 점, 다시 말해 시각적 상상력이 긴장에 의존한다는 점이 특징적이다.(172쪽)

슈타인 주택에서는 표층을 따라 눈을 미끄러지게 만드는 극단적인 수평창의 속력에 더해, 내부에서도 곡선으로 된 벽이 수평방향의 공간 흐름을 강화시킨다. 수직창이 특징인 페레의 작품에서는, 정적이고 '멈춰 서서 주위를 돌아보는' 다소 점잖은 인간의 이미지가 연상된다. 이와 대조적으로 수평연속창은 사람을 움직이도록 충동한다. '경쾌하게 돌아다니며 공간을 구석구석까지 확인하는' 인간의 이미지를 보게 되는 것이다.

⑮ '도시의 스케일' 과 '인간의 스케일' : '부분' 으로부터 / 부차적인 오더

해군군수공장(Le Ministere de la Marine, 50쪽, 1931년)은 사보아 주택과 같은 해에 준공되었다. 두 건축가의 결실이 풍부했던 형태적 탐구의 총결산이 1920년대에 거의 동시에 완성된 것이다. 페레의 대표작은 가로에 면한 파사드가 80m를 넘고, 평면은 길게 늘어진 'ㄷ형' 이며 모서리는 둥글다. 가는 구축체에 의한 의장이, 가로를 따라 휘면서 장대하게 연속된다. 나중에 증축되긴 했지만 애초의 모습도 남아 있다. 부지가 넓고 제약도 적어서 페레의 방법이 충분히 발휘되어 있다. 입면에서는 3층 높이를 관통하는 커다란 골조가 파리 서남부의 어수선한 길에 질서와 리듬을 준다. 하지만 단순히 도시적 스케일의 구축체라는 것만으로는 별로 새로울 것이 없다. 그의 다른 작품에 비해 주목되는 점은, 각 기둥 사이에 작은 기둥과 보가 적절하게 배치되어 있다는 점일 것이다.

섬머슨은 해군군수공장과 파리 오페라 극장*(Opera de Paris, 1875년)에 "무엇인가 연관성"이 있다고 지적한다. '고전주의적 언어의 해석' 이 "철근 콘크리트라는 용어를 사용하여 언급되어" 있으며, "특정 오더에 결부되지 않으면서도" " '오더' 라는 말에 의해 깊이 사고되고 있다." "여기에는 세부 장식이나 조각이 없음"에도 불구하고 "오페라 극장에 필적할 만한 '부조' 나 리듬의 다채로운 변화가 있다." 그 수단이 바로 '주 오더' 와 '부차적 오더' 의 조합에서 비롯된 효과이다. 16세기 로마의 캄피돌리오 광장(Piazza del Campidoglio)을 살펴보자. 여기에는 말년의 미켈란젤로Michelangelo Buonarroti(1475~1564년)가 몰두했던 경관설계적인 구상이 나타난다. 광장 양쪽의 건물에서는 2층 높이를 관통하는 거대한 오더가 입면을 지배한다. "그

---

*가르니에(Charles Garnier, 1825~1898년)가 설계.

샤를르 가르니에, 오페라 극장(1875년)

미켈란젤로, 캄피돌리오 광장의 건물(1547년)

전까지 로마인들은 결코 이렇게 한 적이 없다." "이것이야말로 미켈란젤로에게는 가장 가치 있는, 자유를 불러일으키는 창의성 중의 하나"라고 할 수 있다. 단순히 기둥이 크다는 것 이상으로 중요한 것은, 2층 높이의 '주 오더'가 만드는 윤곽 안에 1층 높이의 '부차적 오더'가 끼워져 있다는 점이다. "근대 작품에 의해 '충전'된 로마 신전과 같은 것"*이라고 평가되듯이, 두 종류의 기둥 보가 복합된 점에서는 오페라 극장의 선조라고도 할 수 있을 것이다.

주 오더는 크게 광장의 질서에 대응하고, 부차적 오더는 각층에 선 우리들에 대응한다. 도시적 공간과 한 명의 인간이라는 두 종류의 스케일에 각각 대응하는 것이다. 각각 근거를 갖는 두 단계의 스케일을 긴밀히 연관시킨 입면의장은 독특한 복잡성과 풍부함의 인상을 준다. 그곳에 서있는 우리는 거대한 광장의 기념적 질서에 확실하게 연관을 맺고 참가하고 있다는 것을 실감

---

* 존 섬머슨(John Summerson, 1904~1992년), 『건축의 고전적 언어』(최일, 조희철 옮김, 태림문화사)

하게 된다. 페레의 해군군수공장에서 단순하게 간략화 된 열주 이상으로 중요한 것은, 이처럼 두 단계의 질서를 긴밀하게 복합시키는 고전적 의장의 에센스만을 뽑아내서 실현했다는 점이다.

⑯ '구축체'와 '수직창'의 균형 : '부분'으로부터 /양의적인 창의 환기력

브레시 주택(Hotel Bressy, 1928년)은 해군군수공장보다 3년 전에 완성되었다. 언뜻 보면 상자형이지만, 가로측 외관은 다소 애매한 인상을 준다. 카산드르 주택(127쪽) 등과 비교해 보면, 개구부가 크고, 남겨진 작은 벽면은 세로로 분할된 점이 눈에 띈다. 커다란 코니스(차양) 아래에는 거의 열주에 가까운 강한 수직적인 리듬이 각인되어 있다. 단순히 '벽에 창이 있는 건축 이미지'라고 하기는 어렵고, 상자형과 구축체형이라는 두 종류의 외양이 균형을 이루는 양의성으로 인해, 독특한 표정이 만들어진 예라고 할 수 있다.

해군군수공장은 언뜻 보면 구축체형으로 보인다. 최상층의 거대한 유리면은 창이라기보다는 '기둥과 보 사이의 구멍'에 가깝다. 그러나 1~2층에서는 이전의 작품에서 눈에 익숙해진 수직창이 나타난다. 섬머슨이 '부차적 오더'라고 부른 부분은 '기둥과 보'라고 부르기에는 너무 폭이 넓다. 오히려 최소한으로 '자르고 남은 벽'의 효과를 보여 준다. 브레시 주택 이상으로 구축체와 벽이라는 두 종류의 효과가 균형을 이루는 듯 보인다. 이 벽기둥은 2층 높이를 관통하고 있어서 인간에 대응하기에는 너무 크고, 오히려 각층의 수직창이 우리 하나하나와 직접 관계된 느낌을 준다. 페레는 "창, 그것은 인간이다!"(125쪽)라고 르 코르뷔지에에게 말한 바 있다. 기둥(22쪽)과 마찬가지로 수직창에도 인간의 모습을 포갤 수 있는 것이다. '수직의 공백'인 창에, 전통적 고전양식에서 작은 기둥이 갖고 있던 것과 같은 효과를 겹칠 수 있다는 것이 페레의 상상력인 셈이다. 각 층마다 있는 수직창은 도시에 질서를 주

페레, 브레시 주택(1928년)　　　　페레, 해군군수공장(1931년) 시공 당시의 사진

기에는 너무 힘이 없지만, 개인 생활을 반영하고 있어서, 특히 주택에 있어서
는 유효한 의장 방법이었다. 해군군수공장의 전체 입면은 3단계의 스케일로
즉 주변에 질서를 주는 '3층 높이의 기둥과 보', 인간에 대응하는 '수직창'
이라고도 할 수 있는 각층의 '구멍', 양자를 잇는 중간 스케일의 '벽과 같은
구축체'로 명쾌하게 정리되어 있다고 이해할 수 있다.

　이처럼 '기둥인 동시에 벽'이라는 양의성으로 인해, 언뜻 볼 때 '구축체
의 지배'를 받는 것처럼 보이는 전체와 대비적으로, 부분에서는 '벽에 창이
있는 건축 이미지'가 환기된다. 고전적 격조를 자랑하는 기둥과 보의 골조
는, 건축의 전체 질서, 도시 공간, 역사, 기념성 등에 기인하는 소위 영속적
형태세계를 상징한다. 반면에 벽에 규칙적인 수직창을 배치한 건축 이미지
는, 행위나 생활, 부분이나 소위 개별 인간에 근거를 둔 상상력의 세계에 대
응한다. 각각은 건축에 있어서 본질적인 형태적 계기이다. 이런 점에서 해군
군수공장은 단순하게 크고 작은 오더가 복합된 의장이라는 것에 머물지 않

는다. 페레가 1920년대에 보여 준 두 종류의 원형적 계보가, 각각 기인하는 근거를 명쾌하게 드러내면서, 긴장 속에서 균형을 이루는, 즉 수준 높게 통합되는 지점이 발견된다는 의미에서, 보기 드문 형태적 도달점이라고 생각할 수 있다.

⑰ '이중 투영' 되는 구축체 : '전체' 로부터/ 표층을 따라 미끄러지다.

섬머슨은 해군군수공장에는 "오페라 극장에 필적할 만한 '부조' 와 리듬의 다채로운 변화가 있다" *라고 말한다. 그러나 미켈란젤로나 가르니에(136쪽)와 비교해 보면 페레의 작품에서는 리듬의 기본이 다르다. 전자는 중앙에 커다란 개구부를, 양 옆에는 작은 개구부를 배치하기 때문에 '주/종' 이 명료하다. 각 베이의 중심성과 완결성이 두드러지고, 전체에서는 '닫혀진 단위의 반복' 이라는 리듬이 더 강조된다. 이와 대조적으로 해군군수공장에서 베이의 분할은 주종이 명료하지 않으며 훨씬 균등해진다. 각 베이의 '중심이나 완결' 을 강조하는 것과는 반대로, 개개 단위를 뛰어넘어 전체 입면에 걸쳐 같은 리듬을 각인시키는 효과가 강하다. 작은 기둥과 보가 만드는 형태는 T자형이 되면서, 오히려 큰 오더와 무관한 별개의 질서, 다른 구축 시스템을 시사한다. 또 입면 의장 가운데 각 베이를 잇는 작은 보가 수평적 요소 중에서 폭이 가장 넓어서, 눈이 전체를 가로질러 연속되면서 미끄러져, 마치 옆으로 운동하는 것과 같은 효과를 낳는다. 즉 부차적 오더는 수직방향으로 끊는 것이 아니라, 오히려 수평방향으로 미끄러지는 연속성을 강조하는 것이다. 거의 균등한 작은 리듬을 발생시키는 골조가, 도시적 리듬을 타고 있는 큰 오더와 동등할 정도로 강력하게 주장되면서 입면 의장을 하나로 만든다. 과거

---

*존 섬머슨, 앞의 책

해군군수공장(1931년)의 스케치 (모서리 부분의 리듬이 실현된 안과 다소 다르다)

의 고전적이고 영속적인 'ㄷ형'으로 반복되는 리듬과, 이에 상반된 새로운 시대의 균질하고 '수평적인 확장'이 겹쳐지는 것이다.

　오페라 극장이나 캄피돌리오 광장의 두 가지 오더에서는 단순한 주종관계를 볼 수 있었다. 각 베이에서의 재분할은, 주된 전체 효과를 부분에서 보완적으로 강조하고, 단계적인 구성을 명료하게 만들었다. 하지만 해군군수공장에서는 크기에 의한 종속관계도 약하고, 거의 동등한 중요성을 지니는 두 종류의 형태적 계기가 중첩되는 효과에 가깝다. '단계적 구성'은 물러나고 '이중 투영'으로 다가가는 것이다. 약간 과장해서 말하면, 27년 전에 프랑클린 가의 아파트에서 구축체에 '이중 투영'되었던 '꽃무늬의 균질적인 펼쳐짐'이 '작은 기둥과 작은 보가 만드는 균질적인 확장'으로 바뀌었다고 할 수 있다. 주 오더는 크게 3차원적 구축체를 시사하고, 여기에 겹쳐진 부차적 오더는 표층의 연속을 시사한다. 후자는 구축체와 수직창 사이의 수준 높은 균형 효과를 나타내는 것으로 인간적 스케일에도 대응한다. 이와 동시에 과

거의 고전적 형태세계에 근대를 예고해 주는 에센스가 겹쳐진 것이기도 하다. 이렇게 해서, 해군군수공장에서는 도시적 구축물에 인간의 이미지가 단계적으로 자리 잡고, '벽과 기둥', '단계적 구성과 이중 투영', '고전양식과 근대양식'이라는 복수의 대비적 계기가 공존하게 되는 것이다. 그러나 지금까지 살펴본 긴밀한 겹침은 거의 일회적인 것이며 또 응용범위도 좁아서 더 이상 발전시키기 곤란했을 것이다. 이후 페레의 작품은 이와 같은 고도의 긴밀함과 다의성을 잃어버리게 된다.

⑱ **느슨한 '이중 투영'으로 : '부분'으로부터/ 아래로 내려가면서 가늘어지는 거대 기둥**

해군군수공장이 지어지고 몇 년 후, 비슷한 의장의 작품이 두 동 완성된다. 둘 다 파리에 세워진 대규모의 도시적 공공건물이라는 점에서도 닮았다. 국유동산보관소(Le Mobilier National, 1936년)는 주로 가구 창고로 지하부분이 크며, 창은 작고, 벽이 압도적으로 지배하는 외관을 보여 준다. 이렇게 폐쇄적인 상자형에서도 수직창이나 기둥 형태가 암시되기는 하지만, 표층무늬로만 머물고 있다. 남쪽 입구 부분에만 2층 높이를 과시하며 아래로 내려가면서 가늘어지는 우아한 기둥이 두 개씩 서 있지만, 전체적으로 볼 때 5년 전 '두 종류의 의장방법이 균형'을 이루었던 때의 긴장된 효과와는 거리가 멀다.

한 구획 전체를 차지하면서 신전처럼 고전적 질서를 주위로 발산하고 있는 공공사업박물관(Le Musee des Travaux Publics 1938년)은 매우 아름답고 기념비적이다. 도시적 열주라고 할 수 있는 커다란 오더의 뒤쪽에 부차적 오더를 갖는 벽이 겹쳐지는 점은 해군군수공장과 비슷하다. 그러나 기본이 닮았을 뿐 차이가 두드러진다. 개개의 창은 기둥과 벽 쌍방을 시사하는 양의적인 형상이 아니다. 또 큰 오더로 구획되는 베이의 분할도 캄피돌리오 광장이

페레, 국유동산보관소(1936년, 55쪽)　　　페레, 공공사업박물관(1938~46년, 56쪽)

나 오페라 극장처럼 중앙을 크게 강조하는 것으로(140쪽), '균질하게 수평으
로 내닫는 또 하나의 스크린' 이라는 이중 투영적 효과는 없다. 하위의 보조
역할에 만족하고 있는 것이다. 구조적으로도 18m 스팬span의 커다란 구축
체 안에 상자가 포개진 것처럼 6m 스팬의 작은 구축체가 배치되기 때문에 주
종관계를 명확하게 보여 주며, 부차적 오더의 벽면은 큰 오더로부터 완전히
후퇴해서 서 있다. 거의 동일면 내에서 맞서는 긴장감은 사라지고, 고립된 아
름다움만이 두드러지는 만큼, 전면의 기둥이 전체를 지배하는 힘에도 변함
이 없다. 커다란 열주와 배후의 벽 사이의 우열관계가 명확하고, 단계적 구성
의 일종이라고 할 수 있는 안정감이 지배한다. 조금도 움직이기 어려운 긴밀
하고 빠듯한 균형이라는 효과는 희박해져서, 양의적 긴장 없이 겹쳐진 상태
에 머문다.

　　해군군수공장에서는 '기둥과 보로 이루어지는 건축 이미지 vs 벽과 창으
로 이루어지는 건축 이미지' 그리고 '단계적 구성 vs 이중 투영적 구성' 이라
는 두 종류의 '양의적인 균형' 효과가 중첩되면서, '도시적 구축체' 안에

'인간적인 창'이 긴밀하게 자리 잡고 있다.(138쪽) 여기에 강하게 맞서고 있던 여러 가지 건축미의 가능성 중 한 가지만이 분명하게 우위를 점한 것이 공공사업박물관이라고 할 수 있다. 해군군수공장의 세련된 긴장과, 그것이 전해주던 풍부함은 사라져 버린다.

르 아브르(Le Havre, 52쪽, 1945~1964년)에서 볼 수 있듯이, 그 후에도 언뜻 보면 비슷하면서도 이전의 다의적인 긴장감을 잃고 응용범위가 넓어져서, 사실상 '상당히 달라진 느슨한 이중 투영'에 속하는 작품들이 많다. 해군군수공장만이 고차원의 형태적 문제를 파악하여, 일회적으로나마 긴밀한 해결을 성취한 것이었다.

Architectural Form

3

'볼 줄 아는 눈' 과 '하얀 상자'
: 르 코르뷔지에의 1920년대

① 예언과 필연의 겹침 : '부분'으로부터 / 과장된 코니스

슈보브 주택의 '공백의 패널'을 "나중에 이루어질 것이 불완전하게 실현된 것"으로 설명한 바 있다.(99쪽) 그러나 공백의 패널이 다른 부분과 동떨어진 인상을 주는 것은 아니다. 다소 특이한 표현이기는 하지만, 결코 부자연스럽지 않고, 오히려 전체에 불가결한 일부로 보일 정도이다. 당시 르 코르뷔지에의 문제의식에 아주 잘 맞았던 것을 알 수 있다. 뛰어난 예술가가 젊은 나이에 갖게 되는 '미숙과 노련의 공존'이 이렇게 '예언과 필연의 겹침'으로 나타나는 것이며, 여기에서 창작의 깊이도 알 수 있다. 뛰어난 개인만이 갖게 되는 고차원의 형태적 문제가 구체적으로 어떻게 포착되는가를 보여 주는 장면일 것이다.

슈보브 주택에서는 코니스도 눈길을 끈다. 그 중 주가 되는 코니스는 정원으로 튀어 나온 저층부분을 감아 돌면서 크게 4단으로 반복된다.(149쪽) 르 코르뷔지에의 다른 작품에서는 이 정도로 눈에 띄게 처마가 돌출된 적이 없다. 스태니슬라우스 폰 모스는 "페레나 라이트의 작품에서는 이런 상부 장식을 볼 수 없다. 아마 요제프 호프만에게서 힌트를 얻었을 것이다"라고 썼다.(앞의 책) 커티스도 호프만의 아스트 주택(Villa Ast, 1911년)에서 인용한 것이라고 보고 있다. 모방이든 인용이든, 이 정도로 눈에 띄는 요소라면 틀림없이 보다 전체적인 의도와 관련되어 있을 것이다. 작품집 제1권에는 슈보브 주택의 설계 시기인 1915년경의 스케치가 몇 페이지에 걸쳐 게재되어 있다. 같은 방식으로 삼각형 단면을 돌출시킨 코니스가 세 가지 계획안에서 발견된다. 작품집에 수록되는 것을 어떤 기준으로 선택하였는지는 불분명하지만, 고향인 라 쇼 드 퐁에 지어진 건물 중 경사지붕으로 된 것을 수록하지 않았다는 점은 분명하다. 창작활동의 시작을 표명한 듯한 여러 쪽의 스케치들에는, 경사지붕을 버리고 평탄한 옥상을 지닌 상자형 건축으로 향하던 시기

르 코르뷔지에, 1915년경의 스케치

의 모색이 분명하게 반영되어 있다. 커다란 코니스도, 지붕을 버리면서 시도된 것 중 하나였다고 할 수 있다. 몇 년 후인 1923년 파리의 신문지상에서 페레는, 르 코르뷔지에의 수평연속창만이 아니라 '처마 장식의 삭제'에 대하여도 '통렬한 공격'을 가했다고 한다.* 파리에서 설계를 시작할 무렵의 르 코르뷔지에 작품에서는 기이하게도 코니스가 사라진 것을 알 수 있다. 여기서 알 수 있듯이 슈보브 주택에서 무겁게 존재감을 주장하는 코니스를 그것도 생애에서 거의 단 한 번 실현한 것에는, 단순히 미숙한 모방이라고만 하기 어려운 동기가 있었으리라 추측된다. 초기의 습작 중에서 유일하게 이 주택을 자랑스러워 한(96쪽) 원인도 거기에 있을 것이다. '눈에 띄는 부분의 의장'이 전체로서의 독자적인 의미를 시사하는, 그 구체적 양상이 문제인 것이다.

---

* 르 코르뷔지에, 『에스프리 누보』 앞의 책.

② 코니스의 '필요' 와 '불필요' : '전체' 로부터 / 완결효과의 대비

슈보브 주택(96쪽)의 예언, 즉 '공백의 패널' 은 가로측 입면의 일부일 뿐이다. 뒤쪽의 정원측 입면은 이와 반대로 장소에 확고하게 뿌리를 내리고 있는 안정된 상자형이다. '공중에서의 완결' 이 '대지에 뿌리내린 완결' 과 등을 맞대고 있다. 오늘날의 관점에서 볼 때 다소 구식인 의장의 범위 내에서, 강력한 대비가 병치되면서 전체를 특징짓는 것이다. 그리고 공중 높이 완결된 '공백의 패널' 에서는, 정상부에 돌출된 코니스가 얇고 작은 판 모양이어서 눈에 잘 띄지 않는다. 커다란 코니스는 낮은 부분에만 둘러져 있는 것이다. 처마의 돌출과 같은 세부 디테일에서도 대비가 의도되어 있다는 것을 알 수 있다.

남아 있는 한 장의 스케치에서는 이러한 대비가 더욱 강하게 다가온다. 여기에서는 '공백의 패널' 상부에 코니스가 그려져 있지 않다. 물론 코니스가 그려진 스케치도 남아 있다. 그러나 상상을 통해 일단 코니스를 완전히 지워버림으로써, 더욱 강력한 대비효과를 확인해 봤을 것이다. 최종적으로 확정된 작은 판 모양의 돌출은, "없는 편이 나은 것으로" "본래 의도를 흐리게 한다"는 것을 알면서도 타협한 결과라는 생각까지 든다. 도미노 계획안과 더불어 작품집 서두를 장식한 1915년 전후의 스케치(147쪽)에서는, 지붕을 제거함으로써 가능해진 '상자형 건축 이미지를 여러 가지 방식으로 추구' 한 것을 확인하게 된다. 그 성과가 당시 거의 유일하게 실현된 작품인 슈보브 주택에 집약되었다고 이해할 수 있다.

페레에게서 보았듯이 상자형이든 열주형이든, 고전적 의장에서는 처마부의 돌출이 최종적인 완결효과를 보증한다. 코니스는 전체를 대지로 내리 누르며, 위에 다락층이 얹혀 있는 경우에는 더욱 그렇다. 기본적으로 이질적인 고딕양식 등을 제외한다면, 코니스라는 부분적 요소의 있고 없음에 따라 전

르 코르뷔지에, 슈보브 주택 스케치 / 정원측 외관

체의 완결효과는 현저하게 달라지는 것이다. 요소만으로 따지자면 '공백의 패널' 보다는 정원측 입면의 '거대 유리면' 이 더 참신할지 모른다. 그러나 완결효과의 전환은 전체에 직접 관련되는 기본적 문제이다. 낮게 깔리면서 '대지와 일체가 되는 완결' 을 위해서는 코니스가 크고 무거운 것이 낫다. 그러나 '공중에서의 완결' 을 위해서는 오히려 없는 것이 낫다. '커다란 코니스가 필요한 완결' 과 '코니스가 불필요한 완결' 이라는 질적으로 다른 두 종류의 효과로 집약되어, 새로운/낡은 건축 이미지가 대비되어 있는 곳이 바로 슈보브 주택이다. 경사 지붕을 제거한 뒤 만들어 지는 형태를 모색할 때, 우선 '평탄한 지붕이 가능하게 만드는 건축 이미지의 양극' 이 강하게 의식되었다는 것을 알 수 있다. 보다 순수한 상자형 이미지, 즉 '공백의 패널' 을 자기 작품의 일부로서 실현하기 위해서는, 서로 대비되는 어느 한편에 자리를 잡는 것이 필요했던 것이다. 그것이 당시 르 코르뷔지에가 지니고 있던 상상력의 양상이다. 다소 과장하면 '대지에 속하는 형태' 와 '하늘에 속하는 형태' 의 대비를 핵으로 한 구상이야말로, 르 코르뷔지에의 출발점이었다.

③ 건축을 향하여 : '전체' 로부터 / 선행된 '완결효과'

'공중의 상자' 형 건축은 과거의 '기단부와 코니스를 갖는 상자' 를 그대로 들어 올리는 것만으로 성립되지는 않는다. 형태의 혁명은 그렇게 쉬운 일이 아니다. 놓이는 위치의 변화도 형태적 문제를 제기한다. 대지에 접하는 상자와 공중에 떠있는 상자는 전혀 다른 가능성을 지니며, 무엇보다도 완결효과가 질적으로 다르다. 다소 비약하자면, '공중에서 완결되는데 코니스는 불필요' 하다는 스케치(149쪽)를 그리는 것에는, 사보아 주택에 이르는 길, 즉 혁명의 실현에 대한 확신이 스며 있었을 것이다. 형태적 상상력의 질적 전환, 건축 이미지를 역전시킬 수 있는 계기를 구체적으로 확인할 수 있는 순간이라고 할 수 있다. 완결효과의 표현방법을 역전의 단서로 간파한다면, 나중에 원리로 정리될 필로티도 다르지 않다. 여러 가지로 미숙한 20대에 그것도 라이트, 페레, 호프만 같은 선도자들의 영향을 받은 의장의 범위에서 벗어나지 못한 상태였지만, 건축형태가 지니는 두 가지 완결효과의 차이를 의식하면서 병치시켜, 최대한으로 대비시키고 있다. 거의 형태론의 실천이라고 할 수 있는 창작 자세이다.

순수하게 형태적인 의미에서 필로티는, 과거와는 다른 완결효과에 의해 '기하학적 형태세계에 대한 신뢰' 를 보여 준다는 점에서 효력이 있다. 대지에 의존하지 않고 "공중 어디에서라도 자유롭게 완결될 수 있다" 는 표명은, 그대로 '실체가 없는 순수 형태나 추상성이 성립할 수 있는 발상영역' 을 암시하는 것이다. 르 코르뷔지에는 이런 공간 이미지를 나중에 퓨리즘 회화를 통해 예술적 구상으로 더욱 순수하게 만들었다. 하지만 이 모든 것을 투명하게 간파할 수 있는 안목을 체득하기 이전의 작품인, 슈보브 주택에서는 '완결효과의 변환' 만이 먼저 예언되어 있다. 바그너나 설리번에게서도 보았듯이(78~95쪽), 근대양식은 개개의 부분적 징후가 환기시키는하는 힘에 의해

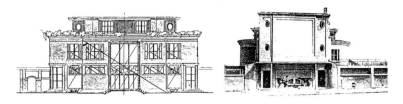

르 코르뷔지에, 슈보브 주택 정원측 입면도 / 가로측 외관 (『건축을 향하여』에 실린 도판)

촉진되어 전개되었을 것이다. 공간적 상상력은 오히려 그들에 의해 시사된 것을 나중에 뒤따라 간 것이라고 할 수 있다.

　『건축을 향하여』*의 「조정선」이라는 장에 슈보브 주택의 도면이 실려 있다. 하얀 상자형 주택이 아닌 자신의 작품으로는 유일하게 실린 것이다. "여기에 나의 작품을 예로 든 것을 사과한다. 다른 예들을 찾기 위해 조사했지만……"이라고 해명하면서, 가로측은 사진을, 정원측은 입면도를 실어 아주 인상적으로 대비시켰다. 더구나 바로 앞에는 전통적인 무거운 상자형을 상징하는 캄피돌리오 광장(Piazza del Campidoglio)의 건물과 프티 트리아농(Le Petit Trianon)의 사진이 실려 있다. 이 그림들은 '조정선'을 설명하는 본문 이상으로 많은 것을 직접적으로 말해 준다. 과거의 무겁게 대지를 누르는 입면들과 나란히 배치됨으로써, 코니스가 거의 없어도 새로운 완결효과를 보여 주는 공백패널만이 새로운 시대를 예언하는 것 같은 영웅적인 기분을 강조하는 것이다. 이처럼 구체적인 대비를 통해 근대양식으로 가는 출발점을 설정하려던 의도까지도 읽을 수 있다.

---

*르 코르뷔지에, 『건축을 향하여』(이관석 옮김, 동녘, 2002)

④ 가장 원형적인 대비 : '부분' 으로부터 / 대지를 따르는 유동

커티스는 슈보브 주택의 부지에서 '잠재적 이중성' 을 보았다. 그는 '가로 에 면한 차가운 북쪽과 시야가 트이고 햇빛을 받는 정원을 향해 열려 있는 남 쪽의 확실한 차이' 를 지적하면서, 그 이전의 작품에도 마찬가지로 북쪽면과 남쪽면 사이에 형태적 차이가 있었다고 주장했다. 이와 같은 '대비' 는 주변 의 상황을 읽고 각각에 맞는 표정을 부여한 결과일 뿐이라고 해석할 수도 있 다. 그러나 나중에 전혀 다른 부지에 세워진 작품에서도 똑같은 대비를 발견 할 수 있다. '부지의 이중성' 도 영향을 주었겠지만, 더 결정적인 것은 그것을 뛰어넘어 있는 의도였을 것이다. 오히려 '대비의 원형' 이 먼저 있었고, 그것 을 가장 선명하고도 강렬하게 확인할 수 있는 부지를 만났다는 것이, 새로운 출발점이 된 슈보브 주택의 의의라고 할 수 있다. 또는 주변 상황에 직접 시 사되어 있는 광범위한 형태적 대비의 가능성을, 보다 본질적이고 원형적인 위상까지 꿰뚫어 보았다는 점에서 르 코르뷔지에의 출발이 돋보인다. 새로 운 건축 이미지의 가능성을 대비 가운데 위치시킴으로써 확고하게 만든다는 점에서 독자적인 상상력을 보여 주는 것이다.

케네스 프램톤Kenneth Frampton(1930~)은 슈보브 주택 평면의 십자형에 서 팔라디오의 영향을 지적한다. 실제로 르 코르뷔지에는 나중에 베네치아 를 여행하면서 팔라디오 작품을 연구하기도 했다.* 라이트적 평면이라는 지 적도 있다.** 단순히 십자형이라는 윤곽에 머물지 않고 상자의 파괴에 이르 게 되는, '대지를 따르는 공간의 운동' 도 분명히 느껴진다. 슈보브 주택의 정 원측 입면에는 커다란 개구부가 있고. 양옆으로는 원호로 된 벽면이 돌출된

---

* 사사키 히로시(佐々木宏, 1931~)의 지적 (일간 건설공업신문, 1997년 4월 25일)
** Colin Rowe(1920~1999), 『Mathematics of Ideal Villa and Other Essays』 (MIT Press, 1982)

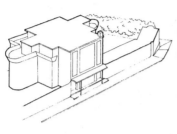

르 코르뷔지에, 슈보브 주택

다. 전자는 정원으로 뻗은 공간을 시사하고, 후자도 닫힌 상태 그대로 밖으로 밀고 나가는 공간의 힘을 암시한다. 앞의 스케치(149쪽)에서 볼 수 있는 절묘한 트리밍은, 코니스의 유무에 국한된 것이 아니라, 측면의 원호로 된 무거운 벽이 공간을 밀고 나가는 힘까지 강조하는 것이다. 십자 방향 중에서 북쪽을 제외한 세 방향으로 뻗은 공간이 시사되고, 그것을 무거운 코니스가 누르면서 강조한다. 단순히 십자형 평면이라기보다, 대지를 따르는 공간운동이라는 효과로 볼 때, 대비는 보다 두드러진다. 이런 관점에서 슈보브 주택 전체에서 발견되는 특징은, 가로측 '공백의 패널' 이 상징하는 '공중에 갇혀 고립된 공간 이미지' 와, 평면 및 거대한 코니스가 보여 주듯이 정원측 세 방향으로 '낮게 대지를 따라 뻗어나가는 공간 이미지' 의 대비로 일반화될 수 있다. 그리고 철저하게 전자를 주역으로 삼은 것이 바로 사보아 주택이라고도 할 수 있다. 그러나 사보아 주택의 밑부분에서도, 대지에 따르는 공간의 운동을 직접 시사하는 유리 곡면이 보조적인 역할을 하고 있다. 표현과 강약에 있어서 여러 가지로 변주될 수 있는 원형적 대비에 주목함으로써, 보다 참신한 표현을 전개하는 힘을 기르면서 혁명에 이르렀다고도 생각된다.

⑤ "화가는 건축가가 되겠다" : '전체'로부터 / 퓨리즘 회화

르 코르뷔지에라는 이름으로 유명해지기 전에, 그는 퓨리즘Purism 화가였다. 평탄한 캔버스의 존재감을 약화시키고 깊이의 환영을 보여 주려고 한 과거의 소위 사실적 회화와는 아주 거리가 먼 주장을 하고, 또 실천했다. 개개의 대상은 투과적이고 단순한 평면도형으로 환원되어 그려지기 때문에 화면은 이차원적이지만, 동시에 독자적인 공간 이미지를 시사하고 있기도 하다. 윤곽이 겹쳐지는 부분은 도형 상호간의 전후관계를 암시하며, 눈은 사실적으로 깊이를 들여다보는 경우와 유사한 긴장을 느끼게 된다. 언뜻 보기에 비슷해 보이는, 절친한 동료였던 오장팡과 르 코르뷔지에의 소묘를 비교해 보면, 그들의 눈에도 미묘한 차이가 있다는 점을 알게 된다. 오장팡의 소묘에서는 윤곽이 겹쳐진 부분이 적다. 많은 것이 뒤섞여 복잡한 르 코르뷔지에의 화면과 비교하면, 훨씬 이차원적 병치 효과에 가까워 보이고, 겹쳐지면서 깊이를 암시하는 힘도 약하다. 르 코르뷔지에의 소묘는 복잡해서, 화면의 구성을 쉽게 이해하기 어렵다. 이 퓨리즘 회화 표현의 비교에서, 르 코르뷔지에의 '공간적 깊이 효과와 관계되는 구상'이 다양하고 풍부하다는 것을 알 수 있다. 오장팡의 작품과 달리, 이 복잡하게 얽힌 화면에서는 전체구성을 단숨에 이해하기 어렵고, 오히려 개개의 세부 디테일을 신중하게 바라볼 것을 요구하고 있는 듯하다. 그것은 화면으로 들어가서, 투명한 도형의 층을 지나가면서, 그 층을 형성하고 있는 각 부분의 다양한 공간을 확인하는 것에 가깝다. 공간을 체험하는 인간의 모습을 쉽게 상상할 수 있다. 틀림없이 건축을 체험하는 것에 가까운 상상력으로 이 그림을 그리고, 그 안에 들어가 자유롭게 움직여 봤을 것이다.

사보아 주택의 서쪽 입면(62쪽)에서는 양쪽 끝까지 뚫려 있는 수평연속창을 통해 내부를 살짝 엿볼 수 있다. 비스듬하게 상승하는 경사로의 난간 벽,

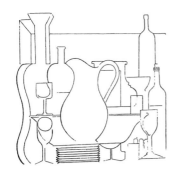

오장팡의 소묘

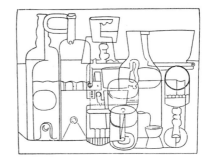

르 코르뷔지에(잔느레)의 소묘

뒤이어 좁은 새시가 눈에 띄는 유리면, 더구나 그 뒤쪽으로는 실내의 기둥이나 나선계단까지 모두 들여다보여서, 4단계의 층이 공간에 질서를 주고 있다는 것을 알 수 있다. 아래의 소묘는 투명한 도형이 겹쳐지면서 시사되는, 허구의 깊이를 볼 줄 아는 눈의 긴장을 환기시켜 준다. 사보아 주택의 입면은 '실제적인 공간의 겹침'을 압축해서 보여 준다. 앞의 두 장에서 세기말에서 이 시대까지 '표층적인 눈의 효과'가 '현실의 요소'로 구체화되는 과정 중 몇 가지를 확인해 보았다. 그 과정들은 상상력이 촉진시킨 형태적 진화의 한 양상이었듯이, 회화에서 시도된 공간적 구상도 직접 건축을 만들어 낸다. 양쪽 모두 표층이나 부분이 환기하는 힘을 '보다 넓고 높은 가능성 안에 놓고 본다'는 공간적 상상력의 작용이라고 할 수 있다. 건축가에게는 가장 단련이 잘 되어 있는 능력이기도 하다. 르 코르뷔지에는 1910년에 독일을 여행하며 "화가는 건축가가 되겠다"고 썼다.* 퓨리즘 회화에서 확인되는 눈의 긴장이 그에게 건축가적인 확신을 부여하리라는 것이 예고되어 있다.

---

* 『르 코르뷔지에의 수첩』(佐々木宏 일역, 同朋舍出版, 1995)

⑥ 건축도면 표현으로서의 회화 : '전체' 로부터 / 단편이 시사하는 전체 이미지

건축도면 특히 입면도는 표현의 폭이 넓고 다양하다. 프랑스 에콜 드 보자르로 상징되는 고전주의의 도면은 과거의 사실적 회화를 생각하게 만드는 음영묘사로 인해, 입체적이고 실제적인 존재감에 차 있다. 반면 바우하우스로 대표되는 근대양식의 도면은 기하학 도형에 가깝다. 재질감이나 음영이 빈곤하고, 현실감은 희박하며, 윤곽만으로 형성된 투명한 형태로 변한 것이 많다. V. 드 오느쿠르*의 화첩**에서 볼 수 있는 중세의 선묘적인 표현세계에 가깝다. 한편 바그너의 도면은 채색한 경우에도 입체감이 부족해, 세기말 예술의 평면성이 직접 반영되어 있다. 도면 표현에는 어느 시대나 건축가에게 고유한 형태적 상상력과 눈의 양상이 집약되어 있다.

평면도, 입면도, 단면도 등은 실제 건물의 한 측면, 일부분만을 이차원으로 정확하게 나타낸 것이다. 보자르의 훈련 중에는 많은 단편적인 그림을 한 화면에 집약시키는 '분석연구 analytique study' 가 있다. 이것은 거의 평면도, 입면도와 같은 정보만을 가지고 아직 보지 못한 건물 전체를 머릿속에서 그려 보는 것으로, 우리의 상상력이 어떤 양상인지를 그대로 보여 준다. 창작과정도 이와 마찬가지로 한정되고 부분적인 진실과, 그것을 가능하게 만드는 상상력의 확장이 상호 작용하여 나아가는 것이다. 도면의 진실이 암시하는 것을 집적시켜, 파악하기 어려운 전체로 비약하려고 할 때 독특하게 고양되는 긴장에서, 건축가의 상상력이 지니는 가장 적극적인 면을 보게 되는 것이다.

그렇기 때문에 퓨리즘이나 그 근본이 되는 큐비즘Cubism의 형태세계는 건축가의 상상력이 지니는 양상과 무관하지 않다. 큐비즘에서는 대상이 해체되고, 부분적이고 이차원적인 도상이 화면에 배치된다. 각 부분의 진실을

---

* Villard de Honnecourt. 〈13세기에 활동한 것으로 추정될 뿐, 연대 알려지지 않음. 역자 주〉
** 『빌라르 드 오느쿠르의 화첩』 (藤本康雄 일역, 鹿島出版会, 1972)

보자르의 도면(샤를르 가르니에)   세기말의 도면(바그너)

짜맞춘 회화세계는 거의 보자르의 '분석연구'를 투명하게 반영할 뿐 아니라, 근대건축가의 머리 속까지 비춰 주는 것처럼 보인다. 다소 비약하면, 화면의 이차원성에 따라 부분적 진실을 확인하고 그것을 추적하면서 전체 이미지에 집중한다는 점에서, 퓨리즘에 이르는 회화의 혁신에서는 건축가적인 상상력을 은근히 엿볼 수 있다.

근대를 대표하는 건축가 중 르 코르뷔지에만큼 전 생애 동안 캔버스를 마주했던 예도 찾아보기 어렵다. 분명 회화와 건축은 공통의 상상력에 의해 지지되는 부분을 갖고 있기 때문에, 그것을 파악해보면 구체적인 표현수단 이전의 예술가로서의 원형적 특질을 알 수 있다. 그러나 회화와 건축에는 전혀 다른 측면도 있다. 따라서 무엇인가 공통의 상상력을 기본으로 하면서도, 각각의 가능성을 주장하는 양자 사이를 오간 것이, 르 코르뷔지에가 눈에 띄게 풍성함을 만들어 낼 수 있었던 비밀이었을 것이다. 양자의 차이가 오히려 각각의 독자적인 전체적 긴장을 강조하면서, 풍부한 결실을 가져온 발견이나 자극으로 이어졌을 것이다.

⑦ '수직과 수평' 과 '이중 투영' : '전체' 로부터 / 회화와 건축

오장팡과 르 코르뷔지에의 소묘(155쪽)를 다시 비교해 보자. 오장팡의 소묘에서는 먼저 중앙의 큰 물병이 눈길을 끈다. 뒤쪽의 사물은 작고 윤곽도 끊긴 채 잘 보이지 않아서, 그것이 암시하는 배후 공간과 더불어 보조적인 역할만 수행한다. 가장 앞에 있는 주역이 배후를 거느리는 공간구성이 명료하다. 르 코르뷔지에의 소묘에서는 무엇보다도 윤곽이 훨씬 복잡하게 겹쳐져서 뒤얽혀 있고, 깊이 방향의 공간은 명쾌하게 정리되지 않는다. 커다란 요소도 있지만, 공간적인 위치관계는 애매해 보인다. 사물도 공간도 주/종, 전/후의 서열로 포착하기 어렵고, 보다 '동등한 요소들이 겹쳐진 것' 에 가깝다. 회화의 '이중 투영' 양상이라고 할 수 있다.

사보아 주택의 서쪽 입면에서 가장 눈에 띄는 것은 '공중에서 완결된 수평으로 긴 직사각형' 이다. 최대한의 폭을 가로지르는 수평연속창은 눈이 표층을 따라 미끄러지게 만들어서, 얇은 표면장력마저 느끼게 한다. 바로 뒤에는 가는 기둥이 수직으로 늘어서 있고, 그 뒤를 완만한 경사로가 비스듬히 가로지른다. 게다가 그 안에는 새시의 수평선이 밀집해 있으며, 가장 안쪽 내부의 기둥과 돌음 계단은 모두 수직 원통형에 가깝다. 깊이 방향의 공간층은 수직과 수평이라는 방향성을 대비시키면서 겹침을 강조해 간다. 중간을 관통하는 경사로만이 비스듬하여, 그 이질성으로 인해 '올라가는' 행위와 인간을 강조한다. 이것들은 부분적인 형태의 사건에만 머물지 않는다. 그것은 최대한 폭을 넓혀 전체를 관통하는 특징이 된다. 앞에서 언급한 소묘의 차이에서 뚜렷한 것처럼, 크게 보면 동등한 형태를 겹친다는 점에서 '이중 투영' 적이다. 만년에 이르기까지 르 코르뷔지에의 독자성은 여러 가지 대비를 파악하는 방식에 있었다는 것이 잘 알려져 있다. 여기에서는 '표층 vs 깊이' 에 '수직 vs 수평' 이 겹쳐진다. 순수 기하학에 가까운 초기의 좁은 표현세계에

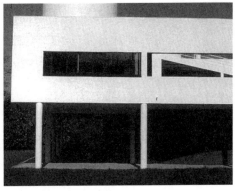

르 코르뷔지에의 소묘   르 코르뷔지에, 사보아 주택 서쪽 외관

서는 집약적인 대비효과가 구상되었던 것이다.

　페레는 "나는 파노라마에 공포를 느낀다"라고 언급했다.(125쪽) 극단적으로 수평적인 연속창의 프로포션proportion과 그에 따라서 끊이지 않고 미끄러지는 새로운 눈의 긴장은 과거의 고전적인 미의식의 범위를 크게 벗어나, 페레로서는 유쾌했을 리가 없었으리라는 것은 쉽게 짐작할 수 있다. 그러나 수평방향을 향한 강력한 운동감은, 기둥의 수직선이 지배하는 것에서 벗어난 자유를 분명하게 표현하고, 보다 대등한 요소가 서로 이중 투영되는 효과를 보다 강조한다. 부분이 달라지면서, 전체적인 상상력이 질적으로 변화하기 시작하는 것이다. 구축체는 건축을 존재하게 만드는 기본이므로 시각적으로도 주역으로서 돋보이게 하고, 나머지는 단계적으로 구성한다는 것이 고전적 구성감각이다. 여기에서 벗어나려면 우선 구축적 요소가 중요하다는 생각을 버려야 한다. 이제 구축체는 지배하기보다는 다른 것과 동등한 요소 중 하나일 뿐이며, 다른 것과 겹쳐지면서 공간을 시사한다. 건축형태를 기하학의 세계에 가깝게 만드는 것은, 기둥이나 창의 새시 모두를 완전하게 동등한 '윤곽만으로 형성된 존재'로 보는 눈을 신뢰하는 것이다. 유일하게 인간만이 실체를 동반한 존재가 되는 상상력의 세계이다.

⑧ 수평연속창을 가로지르는 운동 : '부분'으로부터 / 인간의 이미지

페레는 르 코르뷔지에에게 "창, 그것은 인간이다!"라고 주장했다고 한다.(125쪽) 그가 신문지상에서 '수평연속창'을 비판한 것을, 단순히 보수적 연장자가 보이기 쉬운 새로운 경향에 대한 완고한 거부 반응이었다고 할 수는 없다. 작은 주택에서 많이 나타나는 페레의 수직창에는 '한 인간'이 보는 시점이 집약되어 있다. 그것은 '부분으로부터' 건축적 구상의 자리를 잡고, 이를 전개시키고, 전체에 참여시켜 가는 구체적 계기라는 점에서, 창작에 대해 본질적인 의미를 지니는 것이다. 해군군수공장(138쪽)도 양의성이 살짝 엿보이는 수직창을 통해 인간의 모습을 반영하면서, 도시적인 구축체에 긴밀하게 통합되도록 의미를 부여하고 상상력을 확대해가는 양상을 상징한다. 따라서 페레의 비판은 '수평연속창은 인간의 이미지가 자리 잡도록 만드는 단서가 되기 어렵다'는 정도의 의미로 이해할 수 있다. 수직창은 인간의 모습과 겹쳐질 뿐 아니라 멈춰 서서 밖을 바라보는 위치도 시사한다. 예컨대 창과 우리들 사이의 이러한 관계의 양상은, 건축적 구상에서 가장 생생한 실감의 핵심이기도 하다. 인간과 건물의 대화를 구체적으로 가정하는 것, 즉 어디에 서서 어떻게 느낄 것인가에 대한 이미지는 가장 실제적인 단서로서 창작적 상상력에 현실적인 생기를 부여한다. 부분이 전체를 시사하고 또 형태가 성장하는 것은 바로 이런 인간의 이미지에 의해 길러지는 것이다. 보다 큰 발상영역 안에 자리 잡고 이미지를 만드는 공간적 상상력이 적극적으로 작용할 수 있도록, '인간의 이미지가 자리 잡는다면', 더욱 실감나는 생명력을 갖

르 코르뷔지에, 사보아 주택

게 될 것이다.

수직창에는 옷깃을 여미게 하는 엄격함이 있다. 수직창의 반복은 열주와 마찬가지로 보행의 리듬을 환기시키지만, 행진처럼 부자유스러운 점도 부인할 수는 없다. 수평연속창을 따라 눈이 표층을 따라 미끄러지는 것은, 실제적인 운동 즉 훨씬 거침없는 운동을 연상시킨다.* 수직창은 멈춰 서서 밖을 바라보게 한다. 자유롭게 걸어 다니면서 보는 것이라면 끊김없는 수평연속창이 낫다. 무거운 벽 사이에 만들어진 실내에서 또 거의 추상적이고 도형적으로 구상된 공간에서, 인간의 움직임도 각각 다르다. 퓨리즘 회화에서 볼 수 있는 투명한 층을 빠져나가는 듯한 체험을 묘사하기에, 확고하게 대지를 향하는 수직선이 각인하는 딱딱하고 강력한 리듬은 지나치게 현실적이다. 르

---

*르 코르뷔지에는 『근대회화』(吉川逸治 일역, 鹿島出版会, 1968)에서 "선과 형을 따라 우리의 눈이 움직일 때, 근육과 연관된 둘러보는 감각이 우리의 상태를 변화시킨다"라고 말했다.

코르뷔지에가 경사로를 좋아했던 것도 수평적이고 미끄러지는 운동의 자연스러움을 원했기 때문일 것이다. 수직과 수평의 적층에 겹쳐지는 사보아 주택의 경사로는 추상적인 공간 이미지에 운동을 환기시켜, 인간적인 의미를 부여한다. 르 코르뷔지에에게 인간은 창의 윤곽에 규정되는 존재가 아니라 창을 가로지르는 존재로 구상되었던 것이다. 수직 즉 멈춰 서는 것은, 대지에, 중력에 따르는 부자유스러움이기도 하다. 수직을 벗어나 수평으로 계속 움직이는 것이야말로 생명이라고 할 수 있다면, 수평연속창을 누운 인간에 비유하면서 그것을 '죽음'이라고 논평한 페레(125쪽)와는 다른 인간적 의미를 엿볼 수 있다.

⑨ 3동의 하얀 상자형 주택 : '전체' 로부터 / '네 가지 구성'

초기의 르 코르뷔지에는 세 동의 주택으로 상징된다. 세 동 모두 수평연속창을 갖는 하얀 상자형이지만, 서로 다르다는 점이 흥미롭다. 슈타인 주택(58쪽)에서는 '직육면체' 의 날카로운 전체 윤곽이 지배적이다. 주택은 좁고 긴 부지 안쪽에 '지면에 놓여 있는 상자' 처럼 세워져 있다. 사보아 주택(62쪽, 1931년)은 그렇게 단순한 통일과는 조금 다르다. '직육면체' 가 주역이 되어, 상부의 '완만하게 휜 벽' 과 하부의 '원호로 된 유리면' 을 보조역으로 거느리고 있다. 이들은 순수 입체를 신뢰하면서 전체를 특징짓는 두 종류의 양상일 것이다. 라 로쉬 잔느레 주택(56쪽)도 가벼운 하얀 벽과 수평연속창을 기본으로 한다는 점에서 같고, 필로티나 완만하게 휜 벽도 있다. 그러나 요철이 많아서 '전체를 지배하는 명확한 특징' 을 파악하기는 어렵다. 이 주택에서는 단순한 전체 윤곽도, 명료한 주역도 보이지 않는다. 평면은 거의 L자형이지만, 그것이 무엇인가를 강하게 주장하지는 않는다. 주변에는 건물이 빽빽하게 들어서 있고, 전체 모습은 쉽게 파악하기 어려우며, 오히려 '부분의 요철'이나 '상자의 조합'이라는 인상이 더 강하게 느껴진다. '요소'나 그 '연결의 양상' 쪽이 두드러져서, 같은 하얀 상자형이면서도 또 다른 기억을 남긴다.

부가적 장식을 완전히 배제하여 단순한 기하학 도형에 가까워진, 르 코르뷔지에의 초기 의장세계는, 건축형태에 관련된 여러 가지 본질적 문제를 드러내는 효과가 있었을 것이다. 오더, 코니스, 리드미컬한 수직창이 사용되지 않게 되었을 때, 예를 들어 '부분과 전체' 같은 문제가, 가장 기본에서부터 구체적으로 다시 제기되었을 것이다. 당시의 작품에서, 그러한 '벌거벗은 건축형태와의 대치'가 불러일으킨 창작적 사고를 엿볼 수 있다. 즉 위의 세 주택을 각각 세 종류의 형태적 전형으로 이해할 수 있다. 무엇보다도 '부분'과 '전체' 중에서 어느 쪽의 인상이 더 전체를 지배하는가가 문제이다. 라 로쉬 잔느레 주택이 전자에 속한다면, 다른 두 가지 즉 '전체 윤곽이 돋보이는' 슈타인 주택과 '주역이 될 만한 요소를 갖는' 사보아 주택은 후자로 분류된다. 혁명적 건축 이미지의 가능성을 체계적으로 펼치려는 구상이 초기에 어떻게 가능했는지 알 수 있다. 이런 점에서 그의 창작은 거의 '형태론의 실천적 연구' 라는 생각까지 들게 만든다.

일련의 하얀 상자형 주택의 마지막인 사보아 주택을 설계하고 있던 1929 년 가을, 「현대주택계획」이라는 제목으로 강연이 있었다.* 이 강연에서 르 코르뷔지에는 전통 석조 주택의 '마비된 평면' 과 달리, 철이나 콘크리트에 의한 근대양식은 '건축혁명' 이며, 자유롭고 경제적이고 효율적이며 더구나 미적이라고 주장했다. 그 외에 자신의 작품을 예로 들면서 '전체를 특징짓는 방법' 네 가지를 분류했다.** (165쪽) 위의 세 작품이 아주 명쾌하게 정리되 어, 각각 전형이 된다는 점에 의미가 있다.

⑩ 기능적인 것과 순수하게 형태적인 것 : '부분' 으로부터 / 여러 기능의 연쇄

르 코르뷔지에는 1929년 "레만 호숫가에 작은 집을 지을 때 실행했던 합 리적 작업" 에 대해 강연을 했다.* 이 강연은 실제 설계과정을 언급한 내용으 로 매우 흥미롭다. 여기서 취한 설계과정은 "정밀한 기본계획을 먼저 세우 고", 나중에 부지를 결정한 것이었는데, 그것은 "합리적인 여러 기능의 연쇄 에 따라 사는 것" 은 "어떤 상황의 부지에도 적합할 수 있기" 때문이라고 언 급한다. 이어진 뒷부분에서도 '네 가지 구성' 을 설명한다.

제1구성은 "각 구성부분이 유기적 구성 요인을 따르며, 다른 부분과 이어 지는" 방식에 근거한다. "내부 스스로 확장되고, 그 결과에 따라 외부가 결정 되어, 외부는 여러가지 돌출부를 갖는다" 고 설명한다. 전체적으로 눈에 띄는 요철은 부지 상황과 별도로, '합리적인 여러 기능의 연쇄' 라는 '유기적 구성 요인' 에 의해 접속된 결과라는 것이다. 아마 'L자형' 처럼 느슨한 전체형을 의도하면서, 불가피하게 부분을 접속시키기 때문에 요철이 나타날 수밖에

---

*르 코르뷔지에, 『프레시지옹』, 앞의 책.
**작품집 제2권(1935년)의 표지를 위한 스케치에서 거의 같은 내용이 반복된다.

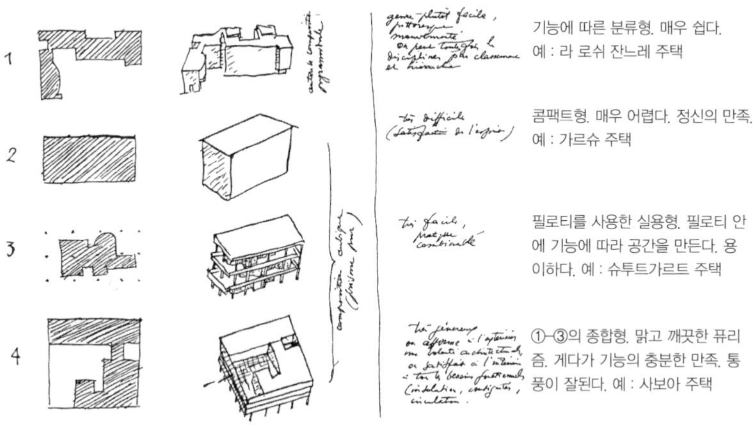
1
2
3
4
기능에 따른 분류형. 매우 쉽다.
예 : 라 로쉬 잔느레 주택
콤팩트형. 매우 어렵다. 정신의 만족.
예 : 가르슈 주택
필로티를 사용한 실용형. 필로티 안에 기능에 따라 공간을 만든다. 용이하다. 예 : 슈투트가르트 주택
①-③의 종합형. 맑고 깨끗한 퓨리즘. 게다가 기능의 충분한 만족. 통풍이 잘된다. 예 : 사보아 주택

네 가지 구성

없는 방법이라고 이해할 수 있다.

이와 대조적으로 제2와 제3의 구성에서는 전체를 가로지르는 의도가 선행한다. 전자는 "절대적으로 순수한 외곽 안으로 모든 부분을 밀어 넣고", 후자는 "바깥쪽에서 보이는 골조에 의해, 투명한 외곽을 형성한다"고 설명한다. 그는 전통적인 벽이 담당하던 역할을 '내부를 둘러싸는 경계면'과 '구조를 담당하는 가는 기둥'으로 나누어 보여 주었지만, 이들이 각각 독립적으로 전체를 지배하는 경우, 양자는 '대립하는 것'으로 이해할 수 있다.

제3구성은 실제의 구축체가 지배한다는 점에서 과거의 질서에 가깝다. 발로 딛게 되는 슬래브판과 그 파생물이라 할 수 있는 계단, 그리고 대지에 뿌리내린 기둥은 물체적 성격에서 벗어날 수 없어서, 퓨리즘 회화와 같은 시각적 존재로 승화되기 어렵다. 제2구성에서는 소위 '눈에만 호소하는 형태'가 지배한다면, 제3구성에서는 그렇지 않은 형태적 계기가 지배한다. 이것은

"어떤 기후에는 적합하다"고 언급된 이 구성으로, 실제 당시 거의 유일하게 지어진 예가 튀니지의 주택(Villa Baizeau, Carthage, Tunisie, 1928년)이었다. 한눈에 봐도 통풍이 잘 될 것처럼 보이지만, 실현된 예가 희귀한 것은 꼭 기후 문제만은 아니다. 오히려 형태질서가 지나치게 '일의적'이어서, 매력을 느끼지 못했기 때문일 것이다. 아무리 가늘어도 대지를 향하는 기둥은 확실한 실체여서, 지배력이 흔들리지 않고, 시각적 효과도 지나치게 단순하다. 다양성이나 풍부함은 부분의 변화에 머물러, 전체를 관장하기 어렵다. 부분의 주장이 독자적이긴 하지만 전체에 대하여 문제를 제기하는 힘이 매우 약하다는 의미에서, 과거 고전주의적 건축의 이미지에 보다 가깝다고 할 수 있다. 즉 질서가 과도하게 안정되어 있는 것이다. 슈타인 주택에서 보게 되는 것처럼(170쪽), 물체적이고 구축체적인 확실함에서 벗어나 시각적 효과만으로 이루어진 세계로, 즉 거의 화가처럼 유희적으로 부분에서 전체로 향하면서 훨씬 다양하게 읽어낼 수 있는 것이 제2구성인 것이다.

⑪ 미숙한 눈으로 파악된 원형 : '부분' 으로부터 / 다양한 문제 제기

'네 가지 구성'은 형태적으로 반드시 같은 급으로 다룰 필요가 없는 항목군이라고도 생각할 수 있고, 그 외의 다른 가능성도 떠올려 볼 수 있다. 그러나 무엇보다 그것은 젊은 르 코르뷔지에가 혁명적 의장과 현실에 빠져들던 이후 약 10년간의 실제 작품활동을 검토하여 어느 정도 유효성을 확인할 수 있었던 항목으로 집약시킨 것이다. 경험을 토대로 한 창작론의 정리라는 점이 중요하다. 카미시로 류이치로神代雄一郎는 약 40년 전에, 이 구성들이 "건축설계를 진행하는데, 현재에도 그대로 적용될 수 있다는 것은 놀라운" 일이라고 썼다.*

소규모의 단순하고 하얀 상자형은 1920년대 초에 집중되어 있다. 시트로

앙 주택 등의 계획안과 레쥬의 집합주택(1920~25년), 보크레송 주택(1922년) 오장팡 주택(99쪽, 1922년)이 이 시기의 작품들이다. 숙련공의 집(1924년)이나 예술가의 집(1922년)만 해도(25쪽), 단순한 상자형에 '공간적 성격을 부여'한 변종이라고 할 수 있다. 이것은 라 로쉬 잔느레 주택(1923년)에 이르러 단번에 복잡해진다. 대규모 주택으로는 첫 작품이고, 또 몇 개의 작품을 실현하는 경험을 거치면서 현실적인 여러 가지 문제를 의식하기 시작했기 때문이었을까? 이 주택에서 '네 가지 구성'이 시작된다는 것은, 그 이전까지의 작품들은 미숙한 습작으로 판단한 것이라고 이해할 수 있다. 처음에는 더듬거리는 상태에서 방향을 잡느라 혁신을 지향할 여유가 없었겠지만, 거듭해서 작품을 실현하면서 단순한 '하얀 상자'를 넘어 조형적으로 풍부한 작품에 이르는 '고차원의 문제'도 파악하게 된다. 원형적 성격을 실현하면 일차적 목적은 달성할 수 있다. 그러나 혁명의 의의를 높이기 위해서는, 폭넓고 뛰어난 의장을 만들어 낼 수 있는 기본적으로 풍부한 생산성이 구체적으로 예감되어야 한다. 초기의 시트로앙이나 모놀(Maisons Monol, 1919년)과 같은 소박한 원형에서 결론적인 네 가지 구성에 도달하는 도중에, 작품을 실현하는 경험에 근거한 구체적이고 창작적인 발견이 있었다. 이 과정에서 다소 도식적인 하얀 상자형의 실현이라는 단계를 넘기 시작한 것이 라 로쉬 잔느레 주택이었다. 바로 그렇기 때문에 '네 가지 구성'의 시작점이 되어, 전제 혹은 문제 제기의 위치를 차지한 것이다. 이곳에서 부분은 다양하게 주장하고, 각각은 유기적으로 접속될 수밖에 없다. 그것만으로도 하나의 전체를 특징 지을 수 있다는 것을 확인시키면서, 단순한 원형적 실현을 넘어, 풍성함을 낳을 수 있는 고차원의 창작적 문제로 향하는 구체적 출발점을 설정하는 것이다.

---

* 건축학대계 제6권 『근대건축사』 (彰国社, 1968)

네 가지 구성은 이런 문제 제기에서 시작하여, 종합적 결론이라고 할 수 있는 사보아 주택에 이르는 것이며, 그 사이에 두 단계의 구성이 끼어 있는 것이라고 이해할 수 있다. 부분의 다양한 형태적 의미, 접속의 필연성, 환기되는 전체 이미지 등을 정리하는 완만한 틀인 것이다. 여러 가지 창작적 계기를 미적으로 긴장된 상태에서 공존시키고 통합시키기 위한 가이드라인이라고도 할 수 있다. 각 항마다 '부분으로부터 제기된 다양한 주장'에 구체적으로 어떻게 대처하였는지 다시 살펴보면 창작론적 의미가 어느 정도 명료해질 것이다.(위의 표)

⑫ 돌출부와 필로티의 소멸 : '전체'의 변질 / 직육면체로

슈타인 주택은 단일 직육면체 형이지만, 초기안에서는 그렇지 않았다. 부분적인 필로티, 전층에 일관된 수직창, 페사크에도 사용되었던 외벽 상부에 매달린 계단 등 훨씬 번잡한 의장이었다. 무엇보다 본체는 직육면체이지만,

방문자를 맞이하도록 앞쪽으로 별동이 길게 돌출되어 있어서, 4년 전에 이와 마찬가지로 대규모로 지어진 라 로쉬 잔느레 주택을 생각나게 만든다. 가로에서 깊이 방향으로 매우 좁고 긴 부지 모양도 분명히 닮았지만, 창작적 요인에도 비슷한 점이 있기 때문이다. 단순한 하얀 상자형은 거대해질수록 다른 것이 끼어들 틈이 사라져 단조로워지기 쉽다. 상자형이 사보아 주택을 마지막으로 결국 주택에서만 실현된 채 끝나게 된 것도 부분적으로는 바로 그 이유 때문일 것이다. 슈타인 주택 초기 안에서는 오른편 앞쪽으로 뻗은 별동과 더불어, 필로티가 시선을 왼편 뒤쪽으로 끌어들인다. 옥상에서도 왼편은 정원쪽으로 튀어 나와 있고, 오른편에서는 앞쪽으로 굴곡져 튀어나온 펜트하우스가 눈에 띈다. 좁고 긴 부지의 힘을 그대로 받아들인 듯한, '오른편 앞쪽으로 나온 돌출'과 '왼편 안쪽으로의 사라짐'이라는 깊이 방향의 드라마가 풍부해서 눈을 즐겁게 한다. 안쪽으로 깊은 부지에 지어지는 건물로서 제대로 자리 잡기 위한 몸짓이라고도 할 수 있다. L자형 평면으로 유사하다는 것에 그치지 않고, 거대한 하얀 상자일 경우 피하기 어려운 밋밋함에서 벗어나기 위한 구체적 방법으로서, 먼저 라 로쉬 잔느레 주택에서 실현한 성과를 재확인해 본 것 같은 초기안인 것이다.

쥬세페 테라니Giuseppe Terragni(1904~1943년)의 카사 델 파쇼(Casa del Fascio, 1936년)도 초기안은 앞쪽으로 돌출되어 있었다. 이와 마찬가지로 슈타인 주택의 단일 직육면체도 초기의 요철을 눌러 넣어서 만들어진 결과였다. 부분의 주장을 그대로 나타내 병치시킨 소위 제1구성의 확인을 거친 후, 제2구성으로 질적으로 전환되는 과정을 상상할 수 있다. 따라서 앞뒤로 뻗어나갔던 다소 과장된 드라마가, 직육면체 안에서의 드라마로 집약될 때 발생하는 형태적 사건에, 창작적 문제가 집약되어 있는 것이다. 즉 요철의 드라마에서 벗어나는 질적 전환이 바로 '제2구성'이 갖는 고차원적인 의미인

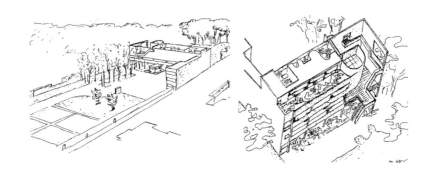

르 코르뷔지에, 슈타인 주택 초기안

섬이다.

　필로티가 사라지면, 직육면체가 가로막는 효과가 훨씬 커진다. 오른편에서 내뻗은 별동을 느끼면서 나아가다가 필로티를 지나 안쪽 정원에 도달하는 초기안에서의 체험도 불가능해진다. 뒤쪽을 들여다보기 어렵고 그 외에 눈에 띄는 특징도 없기 때문에, 창이나 상부의 작은 개구부에서 엿볼 수 있는 깊이 방향에서의 미세한 형태적 사건을 예민하게 느낄 정도로 눈이 긴장된다. 직육면체로 닫혀 있어서 혹은 단순한 상자형이어서 가능한, 거의 눈으로만 확인할 수 있는 드라마가 두드러진다. 제2구성을 "매우 어렵다. 정신의 만족"*이라 한 이유는, 단순히 기능을 담고 있는 순수 입체를 달성하는 것이 어렵기 때문만은 아니다. '부분으로부터' 제기된 직접적인 주장이나 그것이 만드는 드라마를, '상자의 우위'라는 '전체로부터' 결정되는 틀 내부로 질

---

* 스타모 파파다키(Stamo Papadaki) 편, 『Le Corbusier: Architect, Painter, Writer』 (Macmillan, 1948) / 生田勉 일역

적으로 전환시키는 것의 어려움, 그리고 바로 그렇기 때문에 가능해지는 창작적 만족을 의미하는 것임에 틀림없다.

⑬ 몸짓의 드라마 / 눈의 드라마 : '부분' 으로부터 / 교차하는 판의 제기

슈타인 주택의 정면은 입구의 차양 정도가 부가되어 있을 뿐, 전체의 인상은 '단일 직육면체' 에 가깝다. 그러나 뒤쪽의 정원측에는 움푹 파인(凹) 거대한 공허부나 돌출된 계단뿐 아니라, 무엇보다도 전체 윤곽이 깨지기 시작하는 부분이 있다. 벽과 지붕면이 모서리에서 교차하면서, 상자형으로 둘러싸는 위치에서 어긋나 있는 것이다. 직육면체의 모서리선이 사라져서, 눈은 공중을 더듬을 수밖에 없다. 이 '벽과 지붕이 교차하는 모서리' 의 처리는 '부분' 으로부터 제기된 문제가 직육면체의 성립을 위협하는 것이라고 할 수 있다. 다소 과장하면, 직육면체의 질서에서 벗어나, 마치 몬드리안의 회화처럼 '단편이 난무하는 형태세계' 를 불러일으키는 것이다. 제프리 베이커는 르 코르뷔지에의 경우 만년에 이르기까지 이 같은 데 스틸De Stijl의 감각이 남아 있었다고 지적했다.* 그가 말하는 입면의 도식적 특징을 넘어, 이곳에서는 그것이 실제로 상자를 해체하는 힘까지도 드러나 있다. 요철이나 부가된 계단도 건축형태를 풍부하게 하지만, '전체로부터' 비롯된 직육면체를 그 성립의 근본까지 위협하는, '부분으로부터' 제기된 효과가 구성적인 애매함과 다의성을 발생시킨다. 부분이 전체적 특징의 성립에 관계되는 기본을 직접 교란시킨다는 점에서 보다 독특한 긴장이 넘치게 된다. 정원측은 '직육면체 그 자체' 라기보다 '직육면체로 정리된 상태' 에 가깝다. 이질적인 복수의 구성적 감각이 중첩되면서 발생한 긴장이, 단순히 직육면체가 지배

---

* Geoffrey H. Baker, 『Le Corbusier: An Analysis of Form』 (Van Nostrand Reinhold, 1983) / 中田節子 일역

르 코르뷔지에, 슈타인 주택(1927년) 정면/정원측

하는 효과를 훌쩍 뛰어넘어, 건축 전체로 비로소 현실화될 수 있는 형태세계를 만들어낸다.

초기안에서는 다양한 요철 등이 있었다 해도, 본체의 직육면체 자체는 모든 모서리 선을 확인할 수 있어서, 말하자면 안정되어 있었다. 돌출이나 필로티로 인해 변화가 많던 초기의 의장이 버려지고, 형태적 드라마가 단일 상자형으로 집약되는 과정에서, 모서리 부분의 엇갈림이 구상되어, 본체의 성립 자체가 흔들리기 시작했을 것이다. '단순한 전체'를 한 방향에서 파악하려한 데서 비롯된 '부분의 변화'가, 원래의 '상자형'과는 다른 환기력을 갖게된 처리였다. 이것은 르 코르뷔지에가 목표로 한 형태세계, 더 넓게는 '전체와 부분에 관계되는 창작적 문제'를 구체적으로 보여 준다. 극도로 한정된 전체에는 그만큼 본질적인 형태적 드라마가 필요한 것이다. '전체로부터' 직육면체를 파악하고 나면, '부분으로부터' 그것이 성립되지 않도록 만드는 환기력이 이어지는 것이다. 작품집에서는 슈타인 주택이 "하나의 중요한 단계를 보여 준다. 그곳에는 살기 편함, 호화스러움과 건축조형의 문제가 집중되어 있다"라고 해설하고 있다. 창작적 문제로서, 그때까지 얻지 못했던 성과를 거둔 점을 자부하는 언급이라고 생각된다. 초기의 이해하기 쉬운 형태가 지닌 '몸짓의 드라마'가, '부분'으로부터 상상력의 긴장을 강요하는 '눈의 드라마'로 변화되고 집약된 것에서, 르 코르뷔지에에게 '고차원의 형태적 문제'가 무엇이었는가를 알 수 있다.

⑭ 피카소처럼 : '부분'으로부터 / 단편의 집약으로서

안쪽으로 깊은 장소에 세워진 점은 같으면서도, 라 로쉬 잔느레 주택(56쪽)은 L자형으로 에워싸면서 끌어들인 반면, 슈타인 주택은 필로티까지 제거하면서 부지의 전체 폭을 가로막았다. 도로에서 하나의 입면만 바라보면서 다가가는 '만남'은 그림을 감상하는 것에 가깝다. 화가로서 노력하면서 알게 된 눈의 긴장을, 보다 직접적으로 건축에서 성장시킬 수 있는 상황인 것이다. 얇은 벽과 수평연속창은 길게 펼쳐진 캔버스처럼 표층을 긴장시키고, 살짝 엿보이는 배후나 초기안에 없었던 모서리 연속창은 눈이 깊이 방향을 따르도록 촉진시킨다. 로우는 큐비즘에서 직접 파생된 '면의 적층'이 슈타인 주택에 암시되어 있다고 지적했다.* 확실히 사실적인 투과성이 가려지면, 개구부나 투명한 부분을 들여다보는 눈이 허구적인 공간질서를 예민하게 느끼게 된다. 초기안의 요철에 단일 직육면체가 겹쳐졌을 때, 그런 '현상적 투명성'이 의식되었을 것이다. '즉물적인 형태 드라마'가 '정면 vs 깊이'를 기본으로 한 '눈의 드라마'로 변환된 것이다. 작품집에는 라 로쉬 잔느레 주택에서 "길을 따라 나아가면 여러 가지 변화를 보여 주는 전망이 나타난다"*고

---

* 콜린 로우, 「현상적 vs 사실적 투명성」, 『Mathematics of Ideal Villa and Other Essays』에 수록

르 코르뷔지에, 슈타인 주택, 정원측

해설되어 있다. 초기안에서 이같이 현실적이고 다양한 효과를 확인하면서, 그것을 투과해 볼 수 있는 퓨리즘적 허구로 전환시킨 것이 슈타인 주택이라고 할 수 있다. 회화에서 탐구된 바가 직접 건축을 변화시키는 것이 아니라, 건축에서 독자적인 몸짓으로 확인을 거쳐, 그것을 담을 수 있는 조건, 즉 회화 감상에 가까운 상황을 확보하여 허구적 질서로 다시 태어났다는 것을 알 수 있다.

앙리 조르주 클루조**가 찍은 「피카소의 비밀」(Le Mystere Picasso, 1956년)은 수준높은 예술의 창작과정에 견줄 수 있을 만한 희귀한 영상작품이다. 캔버스 위에서 형성되고 있는 질서가 빈틈없이 모두 칠해지고, 혼돈이 찾아오고, 새로운 질서가 시사되고 또 무너진다. 그런 일이 질릴 만큼 반복되고,

---

* 콜린 로우, 「현상적 vs 사실적 투명성」, 『Mathematics of Ideal Villa and Other Essays』에 수록
** Henri-Georges Clouzot(1907~1977년) 〈프랑스의 영화감독. 역자 주〉

조금이라도 남겨진 많은 단계의 단편과 기억이 방대하게 겹쳐지면서 완성되어 간다. 피카소 작품이 "파괴의 집적"이나 "일반적인 완성작품 여러 장 분량을 화면에 집어넣었다"라고 평가되는 이유일 것이다. 결과적으로 두드러진 형태적 풍부함, 다양한 환기력에 도달하게 된다. 이것은 혼돈과는 종이 한 장 차이인 복잡함이 갖는 독특하고 생기에 찬 긴장이다. 화가로서 르 코르뷔지에는 초기 피카소가 도달했던 장식적이라 할 수 있는 큐비즘을 비판했다. 그러나 작품으로서의 질을 높여가려는 노력은 비슷해 보인다. 물론 회화의 창작과정은 직접적이고 열중한다는 점에서 기본적으로 다르다. 그렇지만 건축에서도 '부분'이 환기시키는 힘을 의도적으로 겹쳐 보면 같은 정도의 풍부함에 다가갈 수 있을 것이다. 슈타인 주택은 그것을 암시하고 있다. 전체에 관계되는 복수의 질서를 부여하고, 이를 가능성의 단편으로서 집약해 가는, 말하자면 각성된 눈으로 얻을 수 있는 '정리된 파괴의 집적'이라고 할 수 있는 세계를 어느정도 엿볼 수 있다.

⑮ '용도, 미, 견고함'으로서 : '전체'로부터 / '네 가지 구성'의 의미

'네 가지 구성' 중에서 라 로쉬 잔느레 주택(56쪽)으로 대표되는 제1구성은 '각 부분'이 '여러 기능의 연쇄'라는 '유기적 구성요인'에 의해 접속된 결과라고 설명했다(165쪽). 복잡한 형태는 '기능'에 따라 결정된 것이라고 할 수 있다. 제2구성은 기능에 상반되더라도 형태적 주장을 우선시한 결과라고 이해할 수 있다. 제3구성도 "기능에 따라 공간을 만든다"고 설명되어 있지만, 실제 눈에 띄게 두드러지는 것은 골조다. 바닥과 기둥이라는 최소화된 구축요소가 눈에 보이는 외양을 지배하는 것이다. '네 가지 구성'의 순서가 예로 든 작품의 준공 순서인 것은 분명하지만, 그 자체가 형태적 사고의 흐름을 반영하는 것이라고도 생각할 수 있다. 그와 동시에 비트루비우스 Marcus

르 코르뷔지에, 슈타인 주택, 정원측

Vitruvius Pollio로부터 전해져 온 '좋은 건축의 조건' 과도 차례로 겹쳐진다. 종합형인 제4구성을 제외한 세 가지 구성은 그대로 '용도, 미, 견고함' 이라는 세 종류의 형태결정 조건에 각각 중점을 둔 통합수법이라고도 할 수 있다.

　　제1구성도 당연히 '미' 를 의도하였을 것이다. 그러나 그것은 어떻게 해서라도 '기능에 의해 결정' 된다고 주장할 수 있는 범위 안에서 바라본 미인 것이다. 제3구성도 도미노 계획안의 구조적 아이디어의 에센스를 주장하는 것에서 벗어나지 않은 미를 가능하게 한다. 이들과 비교해 볼 때, 제2구성에서는 형태적 주장이 무엇보다도 우선하는 것으로 볼 수 있다. 슈타인 주택에서는 퓨리즘 회화에서 볼 수 있던 것과 같은 공간질서가 발견된다(174쪽). 회화라는 것은 용도나 견고함이 아니라, 순수하게 형태를 추구할 수 있는 장이다. 건축 이전의 순수한 공간 이미지 속을 자유롭게 떠다닐 수 있고, 거기에서 얻은 성과를 현실에 반영하기 위해서는 용도나 견고함을 다소 무시하고 형태를 강조하는 것이 필요하기도 하다. 제2구성은 보다 순수한 '미' 의 세계라는 점에서, 회화에 가깝다. 다른 구성형의 위치는 제2구성을 중심으로 해서 상대적으로 정해진다.

'네 가지 구성' 은 "형태적으로 반드시 같은 급으로 다룰 필요가 없는 항목군" 이며 "그 외의 다른 가능성도 떠올려 볼 수 있다" 고 앞에서 언급했다 (168쪽). 그러나 건축형태가 다면적인 것이라면, 예를 들어 '기하학 형태에 의한 분류' 처럼 '같은 급의 근거' 야말로 일면적이라고도 할 수 있다. 필자가 위에서 제시한 분류는, 실제 작품 경험을 거쳐, 단순하게 윤곽의 차이 등을 기준으로 한 분류를 넘어서, 형태적 근거가 어떻게 성립하는가를 폭넓게 바라본 결과로서, 실제로 건축형태를 성립시키는 질적으로 다른 세 종류의 근거에 뿌리를 둔 것이다. 건축형태의 다면성이라는 본질적 부분에 기초하고 있다고도 할 수 있다. 어떤 입구로 들어가더라도 훌륭한 개성을 끝까지 밝혀 보면 고전적 본질과 마찬가지라는 것, 또 건축의 형태적 분류는 결국 '용도, 미, 견고함' 라는 본래의 질적 차이에 도달할 수밖에 없다는 것, 이 두 가지 측면을 알게 된다. 이 분류는 그대로 부분이 환기시키는 힘을 구체적으로 전달하고 확대시킬 수 있는 세 종류의 형태적 문맥을 나타내고 있다는 점이, 형태론적 고찰에서 중요하다.

⑯ 내밀고 나온 저층 / 건물하부의 모색 : '부분' 으로부터 / 대비의 근거

1930년대 전반에는 사보아 주택 외에도 대규모 작품이 계속해서 완성되었다. 갑자기 작은 주택이 아닌 작품이 많이 실현되면서, 국제연맹회관 (Palais de la Societe des Nations, 1927년)과 마찬가지로 '거대한 유리 상자' 를 주역으로 하면서도, 주변 환경과 접하는 건물하부에서는 다양한 방안이 시도되었다. 구세군본부(Armee du Salut, Cite de Refuge, 1933년)에서는 여러 가지 기하학 형태의 병치, 센트로소유스(Centrosoyus, 1933년)에서는 필로티, 스위스 학생회관(1932년)에서는 거친 돌로 쌓은 벽이 눈에 띤다. 제네바에 있는 클라르테 집합주택(Immeuble Clarte, 1932년)에서는 전면에 걸쳐 내밀고 나온 저층부가 굽은 가로를 따라 부지의 윤곽을 보여 준다. 반면에 건물 본체는 부지 같은 외부적 조건의 영향을 전혀 받지 않으며, 기디온이 "일반적으로 사람들은 이 유리벽을 아주 놀라워했다"*고 논평할 정도로, 당시 수준에서는 눈에 띄게 투명한 직육면체로 되어 있다. 미의 기본은 '보편적 주역'인 본체에 두고, 건물하부가 주위의 상황을 직접 반영하는 보조역을 담당하여, 본체의 강력한 완결성을 보완하는 것이다. 가로를 따라가는 외곽 부분에는 보다 적극적으로 도시와 일체가 되는 소점포들이 늘어선 결과, 두 종류의 형태와 기능의 대비로 집약된 구성이라고 할 수 있다. 같은 방식으로 교차로변을 차지하고 있는 해군군수공장(138쪽)에서 볼륨의 일부가 도시의 곡면 모서리를 따라 전체적으로 휘었던 것과 대조적이다.

굽은 가로를 따라가는 저층동은 차가 도는 모습을 연상시켜, 건물이 세워지는 장소를 직접 반영하고 있다. 그러나 접지부분에서 내밀고 나온 것 자체는 필로티와 정반대인 셈이다. 대지는 해방되지 않고 시선의 투과도 불리해진다. 반면 사보아 주택의 필로티 안에는 자동차의 움직임을 따라 굽은 유리 곡면이 있다. 접지부분에 두 종류의 성격을 중첩시켰다는 점에서도 종합적인 작품이었다. 언뜻 볼 때 '내밀고 나온 저층부'와 '필로티'는 대조적인 것처럼 보이지만, 건물하부의 상황을 다소 과장되게 표현하면서 고립적인 주역을 보완하는 대비항이라는 점에서는 닮았다고도 할 수 있다. '자동차 주행'도 도시 이미지를 집약하면서 보조역에 필연성을 부여하는 근거로, 일찍부터 주목받았다. '주변에 대한 대응'조차 대비를 보다 강력하게 실현시키는 계기가 되었다는 것을 알 수 있다.

30여 년 후에 낭트 유니테(Unite d' habitation de Reze-les-Nantes, 1955년)

---

* 神坂 일역 (일본건축사, 1933년 2월호)

르 코르뷔지에, 클라르테(1932년)　　르 코르뷔지에, 구세군본부(1933년)

가 세워졌는데, 여기서는 "마르세이유 유니테의 (중간층에 있는) 상점가에 대한 비판을 받아들여, 상가를 1층에 두어 더 널리 사용되도록 했다."* 그러나 그것을 '사상의 죽음'이라고 한탄하는 사람들도 있다. 필로티는 '공중에서의 고립'을, 저층동은 '주위와의 연속'을 보증한다. 단순화하면, 필로티가 오브제 위주의 미학과 필연적으로 묶여 있다면, 저층부의 주장은 공간적·기능적으로 건물이 자리 잡는 데 필요한 것이다. 이러한 두 종류의 근거가 접지부분의 처리에서도 대비적으로 겹쳐지면서 형태적 판단을 끌고 갔다는 것을 알 수 있다.

⑰ **도시의 확장 / 대지의 확장 : '부분'으로부터 / 공간 이미지의 환기**
　클라르테(179쪽)에서는 가볍고 투명한 공간 이미지가 지배적이지만, 스위

---

* Willy Boesiger 편, 『Le Corbusier 1910~65』 (D' Architecture, 1967) / 安藤正雄 일역

스 학생회관에서는 대지에서 솟아오른 것 같은 거친 석벽이 그 통일성을 흩트린다. 본체는 클라르테 이상으로 순수하게 '공중에서 완결되는 직육면체'에 가깝지만, '무겁고 불투명한 이질적 요소'는 단순하게 형태가 다른 정도가 아니라, 밑바탕에서부터 대비된다는 것을 보여 준다. 같은 시기의 에라추리츠 주택계획안(Maison Errazuriz, 1930년)이나 그가 평생 살았던 아파트(1933년, 129쪽)에서도 무거운 조적벽이 눈에 띈다. '혁명으로서의 1920년대'에서 벗어나 방향을 바꾸기 시작한 시기에, '하얀 상자'와 정반대라고 할 만한 표현이 강하게 의식되기 시작한 것이다. 사보아 주택에 도달할 수 있도록 했던 '좁고 한정된 미학'이 갑자기 상대화되자, 새로운 창작적 긴장을 얻기 위해 풍성함을 낳을 수 있는 구체적 자극을 애타게 찾아다녔을 것이다. 클라르테에서도 볼 수 있었던 '완결되거나 고립되는 것 vs 주변에 따르거나 맡기는 것'의 대비가, '투명, 기하학, 하늘 vs 불투명, 몸짓, 대지'라고 하는 명확한 질적 차이, 보다 감각적으로 말하면 '주지적 긴장 vs 신체적 개방'이라는 것에 가까운 대비로까지 확대된다.

구세군본부(179쪽)의 저층부에는 여러 개의 투명한 기하학 입체가 늘어서 있다. 반면에 클라르테와 스위스 학생회관 건물하부의 낮게 깔린 곡면은 보다 열린 형상으로, 직접적으로 주위와 어우러지는 성격을 갖는다. 전자는 단순히 균질적이고 추상적인 발상영역을 암시하는 데 머물지만, 뒤의 두 건물은 '놓여질 곳의 공간 이미지'를 보다 구체적으로 환기시킨다. 더 나아가 '자리를 잡는 요소'는 역으로 '자리가 잡혀야 할 발상영역'의 성격을 구체적으로 요구하고 있다. 실제로 주변에 펼쳐져 있는 도시 공간 외에도, 건축가의 상상력 속에 있는 도시 이미지까지 중첩되어 보이게 되는 것이다. 실제로 대응하는 장소의 성격을 직접 반영하면서, 이와 동시에 가능할 수 있는 주변의 성격도 나타낸다는 양의성을 갖는다. 언뜻 보면 '부분의 차이'에 불과해

르 코르뷔지에, 에라추리츠 주택계획안(1930년)

르 코르뷔지에, 자울 주택(Maisons Jaoul, 1953년)

보이지만, 그 배경에서 복수의 형태세계로 형성되는 발상영역을 구체적으로 엿보게 되는 것이다.

클라르테의 건물 하부에 낮게 깔린 보조역은, 휘어지는 방식으로 교차로 변 가로의 성격을 직접 반영하는 한편, 유리블록 등의 투과적인 면을 통해 이 제까지 르 코르뷔지에가 그려 온 '투명한 도시 공간'에 따라 자리 잡을 것을 요구하고 있다. 스위스 학생회관의 '무겁고 몹시 거칠게 쌓아올린 석벽'은 무엇보다 이질적인 '존재감' 즉 실감을 동반한 형태 감각의 대비와, 배경이 되는 공간 이미지의 질적 차이를 보여 준다. 가로나 건물이 있기 이전인 원상 태 지면에 내포된 발상영역과 직접 교감하면서, 심하게 휘어진 몸짓은 거의 자연 그 자체의 생명력 안에 자리 잡을 것을 요구한다. 완결된 직육면체가 속 하는 하늘의 투명성에 대한 대지의 극한적인 무거움, 그 대비가 기하학적 확 장에 새로운 생기를 부여할 수 있는 계기로 보였을 때, 풍성함을 낳을 수 있는 창작적 원형이 되었던 것이다.

⑱ 재확인된 대비 : '전체' 로부터 / 진화하는 원형

슈보브 주택의 '□자형 벽면' 은 '공중에서 완결되는 직육면체' 를 예고하고, 뒤쪽의 낮게 깔린 건물은 라이트 풍으로 '대지를 따르는 공간' 을 암시한다.(96쪽) 이 '두 가지 공간 이미지의 대비' 는 스위스 학생회관에도 그대로 적용된다. '공백의 벽면' 은 하늘로 융화되는 '유리 상자' 로, 처마에서 눌러주는 '거대 코니스' 는 대지의 생명을 암시하는 듯한 '곡면으로 휜 벽체' 로 대체되었을 뿐이다. 슈보브 주택의 예언적인 측면은 사보아 주택에서 그 가능성이 극대화되었다. 한쪽 끝에서 새로운 건축 이미지가 확인되었다면, 대비되는 반대편 끝에서 거의 원초적이라고 할 수 있는 상태로 소급된 표현이 의식되었다는 것은 자연스러워 보인다. 슈보브 주택에서의 대비는, 1920년대의 혁명을 거쳐 스위스 학생회관에서 예리하고 선명하고 강렬한 구체성에 이르러, 말하자면 최대의 진폭으로 재확인된다. 원형적 성격 자체가 진화하면서 그 생명력을 갱신하고, 새롭게 풍성함을 낳을 수 있는 영역을 확장시키는 것이다.

앞 쪽에서 보았듯이 부분이 암시하는 두 가지 공간 이미지 외에, '창작적인 전개' 라는 소위 또 하나의 '자리 잡혀야 할 발상영역' 을 읽어낼 수 있다. 스위스 학생회관의 투명한 직육면체는 '사보아 주택에 이르는 하얀 상자형의 계보' 를, 대지를 따라가는 거친 석벽은 '만년으로 갈수록 강화되는 조소적 조형의 계보' 를 상징하는 것이다. 윤곽의 차이라는 한눈에 파악되는 소박한 대비효과를 넘어, 각각의 바탕에 깔린 복수의 성립 기반 또는 결정 근거를 포함하는 발상영역에서의 대비가, 구체적으로 형태적 환기력을 다르게 만드는 부분이라고 할 수 있다.

르 코르뷔지에, 스위스 학생회관(1932년)

슈보브 주택의 '비대한 코니스'는 호프만의 영향을 받은 것이지만, 그 이상으로 고향 주택들의 '커다란 지붕'이 강조한 '대지를 누르는 효과'의 집약이기도 하다. 한편으로는 그때까지 신뢰했던 건축 이미지의 현저한 효과를 상징적으로 뒤돌아보면서, 다른 한편으로는 예언을 병치시킨다. 과도기적인 긴장을 구체적으로 대비시켜 표현하는 것이다. 스위스 학생회관도 한편으로 1920년대의 형태적 추구를 집약하면서, 새롭게 선택한 가능성의 핵심을 비교하고 있다. 수업기의 종착점이라 할 수 있는 슈보브 주택에서 얻은 도식으로 되돌아가면서, 새롭게 획득한 형태에 의해 그 대비의 에센스를 보다 선명하고 강렬하게 재확인한다. 즉 근대양식 이전에 지어진 자신의 작품 중 가장 신뢰할 수 있는 부분으로 되돌아가, 과거의 건축 이미지를 향한 자기 나름대로의 결론을 추체험追體驗하는 방향을 잡는다. 자신에게 있어서의 원형, 과도기에서야말로 재확인해야 할 필연적 도식을 자각하고, 새로운 구체성으로 다시 읽어서 진화시켰다고도 할 수 있다. 그것이 1930년대 르 코르뷔지에가 재출발하면서 구체적으로 보여 준 양상이었다. 16년이나 떨어져 있는 두 작품에 거의 같은 창작적 의미를 부여할 수 있다. 큰 변화를 가능하게 만드는 하나의 단서를 추구하는, 형태적 상상력이 어떤 양상인지 알 수 있다.

Architectural Form

4

결론 : 형태적 문제의 양상 – '창작론'

① '대비'와 '적층' : '전체'로부터 / 중첩되는 건축 이미지

저소득층을 위한 대량생산 주택인 르 코르뷔지에의 루슈르 주택계획안에서는 '하늘에 속하는 직육면체'와 '대지에 속하는 거친 석벽'이 병치되어 있다. 소규모라 그런지, 순수하게 대비만이 지배하는 건축 이미지이다. 반면에 스위스 학생회관(1932년)은 다소 복잡해서, 남쪽에서만 필로티 위의 개실동個室棟이 '투명한 상자'로 보인다. 북쪽 입면은 창이 규칙적으로 배열된 벽으로, 예상했던 모습과 약간 다르다. '공중의 직육면체'인 점은 같지만, 네 개의 입면이 거의 똑같아서 '균질적으로 확장되는 것을 기하학적으로 잘라낸' 것 같은 사보아 주택과 구분된다. 스위스 학생회관에서 '하늘로 융화된다'라는 극단적 태도는 한 부분에서만 실현된다. 이를 염두에 두고 정면에서부터 뒤쪽 방향으로 따라가 보면, 계단실이나 저층부분의 벽이 각각 전혀 다른 표정을 보여주면서 여러 겹으로 병치되기 때문에, 단순한 '양극의 대비'를 넘는 구성감각을 읽어낼 수 있다.

북쪽으로 내밀고 나온 저층부의 끝은, 가장 낮으면서 두껍고 무거운 '거칠게 쌓아올린 석벽'으로 대지 그 자체에 가깝다. 그 벽은 마치 다른 원리에 따르듯이, 본체에서 떨어져 나와 바깥쪽으로 심하게 휘어져 있다. 그 뒤를 이어 높고 두께도 중간 정도인 '창이 없는 벽'이 같은 방식으로 완만하게 휘어 있고, 다음에는 본체의 북쪽 입면인 '공중에서 완결되고, 창이 뚫려 있는 벽'이, 가장 남쪽에는 가장 얇고 하늘로 융화되는 것 같은 '유리면'이 위치한다. 외관에서 쉽게 확인할 수 있는 것만으로도 4단계의 다른 표정을 지닌 벽이 겹쳐지는 것이다. 확실히 이 작품은 '양극의 병치'가 특징적이지만, 그 대비항은 남북 양끝에 떨어져 있고, 그 사이에 중간단계의 의장이 배치되어, 전체적으로는 '표정이 변해가는 수직면들이 겹쳐진' 구성으로 보인다.

'거칠게 쌓아올린 석벽'은 무거운 물체의 틈새와 같은 '동굴적 공간'을,

르 코르뷔지에, 스위스 학생회관
(1932년) 북쪽 입면

르 코르뷔지에, 루슈르 주택계획안(1929년)

'대지에 뿌리내린 벽'은 일반적인 '과거의 형태 이미지'를, '창이 뚫려 있는 벽'은 '가벼운 상자형 건축'을, 공중의 '유리면'은 '무게감 없는 투명건축'을 암시한다. 각각의 층이 벽의 두께와 의장에 의해 다른 건축 이미지를 환기시키는 것이다. '전체'로부터의 강력한 통일이 지배하는 슈타인 주택(172쪽)에서는 '가상적인 층'을 환기시키는 눈의 긴장에서 비롯되는 드라마가 있었다. 여기에서는 '즉물적 층'이 각각 다른 건축 이미지의 단편이 된다. 결과적으로 스위스 학생회관에서는 루슈르 주택계획안에 가장 전형적으로 나타난 '양극의 병치'와 슈타인 주택에서의 '적층적 구성'이라는, 모두 1920년대 후반에 순수한 양상으로 확인된 두 종류의 원형이, '건축 이미지의 변화'를 중첩시킴으로써 통합되어 있다고 볼 수 있다. 이것은 '고차원의 형태적 문제'로서 '의도된 복잡함'인 것이다.

② '대비' 에서 '연속' 으로 : '전체' 로부터 / 공간의 몸짓

작품집 제2권에는 스위스 학생회관에 대해 거의 같은 내용의 해설이 두 군데 적혀 있다. 개실측 외관에 대해 "머지않아 스포츠 공원이 될 쪽의 입면", "장래 스포츠 공원이 될 장소에서 본 것" 이라고 해설되어 있다. 남쪽 전면이 나무도 무성하지 않고 자동차도 빈번하게 왕래하지 않는 다소 막연하게 확장될 예정이라는 것을 강하게 의식하고, 이를 표명한 것으로 읽을 수 있다. 이 말이 맞다면 '필로티 위의 유리 상자' 라는 효과가 가장 선명하고 강렬한 남쪽 입면에도, 앞에 놓인 거대공간에 대응하려는 의도가 포함되어 있는 셈이다. 그렇다면 대비나 층마다의 차이는 단순히 다양성을 공존하게 만드는 수단에 불과한 것이 아니라, 부지 상황에 대한 다소 과장된 대응의 결과라고 할 수 있다.

초기안에서의 필로티는 2열의 가는 기둥이었지만, 도중에 1열형에 가까워진다. 이에 대해서는 "재료를 최대한으로 절약하여 저항력이 같아지는 형으로 만들었다" 고 설명한다. '거대한 사보아 주택' 이라고 할 만한 화사한 초기안의 표정은 이 절약과 더불어 급변한다. 기둥에서 캔틸레버 구조로 지지되는 부분을 넓은 폭으로 강조하여, 예정되어 있는 스포츠 공원 쪽으로 몸을 크게 내미는 듯한 인상을 강하게 준다.

단면을 중심으로 살펴보면, 북쪽의 '대지에 밀착된 저층부' 에서 남쪽의 '들어 올려서 덮어씌운 효과' 로 향하는 흐름도 읽을 수 있다. 더 나아가 가장 늦게 지은 피르미니 청소년 센터(Maison de la Culture, Firminy, 64쪽, 1965년)도 상기된다. 여기에서도 크게 내민 전면에 400m 트랙과 스탠드를 갖는 스포츠 시설이 펼쳐져 있다. 처음에는 다소 딱딱한 단면형이었지만, '흐름' 을 매끄럽게 하기 위하여, 구조방식을 변경하여 최종안에 다다른 작품이었다. 30여 년이나 떨어진 두 작품은 언뜻 다르게 보이지만, '배후의 대지에서 전면의

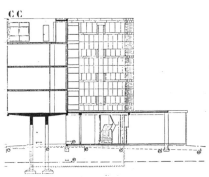

르 코르뷔지에, 스위스 학생회관(1932년) 단면도 / 남쪽 건물하부

거대공간으로 내민' 형태의 흐름이라는 면에서 구상의 골격은 공통된 것이다. 부지 상황의 해석, 앞과 뒤에 대한 구체적 대응이 비슷하다. 르 코르뷔지에의 작품이 갖는 복잡함에 대한 또 다른 해석의 가능성이라고 할 수 있다.

스위스 학생회관에서는 각 공간층의 차이가 눈에 띄지만, 피르미니에서는 그것들이 연속적인 변형과정으로 흡수되고, 큰 '몸짓' 이라고도 할 수 있는 운동감이 더 우위에 서게 된다. 초기 작품에서는 대비를 만들기 위해 부지 상황이나 기능의 차이를 단서로 사용하였지만, 여기서는 그 차이를 잇는 유기적 연속이 지배적이다. 각 부분이 시사했던 전체 이미지에 의한 다의성을 무시하는 것이라고도 할 수 있다. 1920년대의 '다양성을 볼 줄 아는 눈' 이 '대비' 를 거쳐, 그들을 일체적인 연속으로 통합하면서, 신체적 공감으로 승화하는 운동이 된다. 이전에는 층구성을 매개로 하여 나타났던 다양성에 대한 기억이 연속적 변화의 배후에서 보이다 말다 하면서, 통합의 공간적 생명 그 자체를 암시한다. 형태적 상상력이 질적으로 변한 것이다.

③ 통합하는 공간적 상상력 : '전체' 로부터 / 건축형태의 생명

가우디는 세기말에 주로 부분이나 표층에서 시작된 '자연이나 생명을 환기시키는 형태' 를 20세기 초에는 보다 전체적인 효과로 성장시켰다.(72쪽) 같은 방식으로 곡선적 의장이 전체를 지배하면서도, 피르미니 청소년센터(64쪽)는 약간 다르다. 식물이나 생물을 직접 나타내는 표정과는 거리가 멀다. 그러나 만약 '건축형태만이 가질 수 있는 생명' 을 염두에 둔다면, 그것은 당연히 동식물과 비슷하게 생겼기 때문에 그 자리에서 바로 알아볼 수 있는 것과는 달라서, 보다 건축의 독자성에 뿌리를 둔 적극적 성격으로 설정할 필요가 있다. 그것은 건축에 고유한 형태적 계기를, 즉 부지 같은 여러 가지 외부적 조건에 대한 대응이나 기능에 상응하는 부분의 다양한 표정 등을, 필연적인 것으로 정리할 수 있는 상상력의 긴장에 깃드는 것이라고 할 수 있다. 피르미니에서는 그것이 배후로부터 전면으로 전개되는 통합적인 연속으로 보인다. 생물적인 연상이 전혀 없다고 할 수는 없지만, 약간 달라서 '건축형태만이 가질 수 있는 일종의 유기적 환기력' 이라고 해석하는 편이, 그 독자성에 보다 적극적인 의미를 부여하는 것이 될 것이다.

카사 밀라(72쪽)의 '도시 모퉁이를 도는 운동' 에는 '구불구불한 생명의 리듬' 이 겹쳐지며, 그것은 카슨 피리 스코트 백화점(92쪽)의 자동차가 도는 듯한, 유기체와 무관한 속도감과는 기본적으로 다르다. 그러나 장소의 이해와 표현에서, 양자는 모두 기본적으로는 하나의 덩어리로 되어 있다. 반면에 르 코르뷔지에는 '대비를 끌어내는 듯한 독해' (178쪽)를 보여 준다. 대비에 의한 해석과 표현을 연속적으로 통합하는 계기를 보여 줄 때(189쪽), 건축형태 본래의 생명이라고 부를 수 있는 것 중 한 가지가 확인될 것이다. 장소의 성격이나 기능의 조건을 철저히 따지고 이를 대비시켜 해결하면, 기계에 가까운 구성이 된다. 그러나 연속적으로 볼 수 있는 단서가 발견되면, 상상력은

르 코르뷔지에, 피르미니 청소년센터(1965년)

그것을 유기체적인 것으로 파악하려는 양상을 보여준다. 구축체나 구성원리 등을 통한 통합과는 별도로, '눈과 상상력에 의한 연결과 흐름'을 확신할 수 있다면, 비유적인 의미에서 '건축형태의 생명'이라고 말할 수 있다. 공간이 생명을 갖는다고 느끼는 것이 상상력이라면, 일종의 유기적인 환기력을 신뢰하면서 통합하는 전체 이미지의 양상에서도 그런 생명을 볼 수 있다. 피르미니에서는 '덮기'를 지향하는 외부 형태 전체의 몸짓을 볼 수 있다. 그것은 내부를 통합하는 '공간적 연속'의 주장도 반영하고 있다. 이렇게 해서 우리가 부분을 전체로 끌어올려 느끼려고 하는 계기, 즉 통합적인 공간 이미지 자체에 건축형태의 생명이 깃들게 된다. 가우디처럼 자연을 직접 환기시키는 것이 아니라, 전체 이미지를 향하는 구체적 단서에 생명이 깃든다고 가정한다면, 그것은 창작의 핵심이 될 수도 있다. 건축형태의 독자성으로 비약하는 상상력의 작용 그 자체인 것이다.

④ **변화를 받쳐 주는 것 : '전체'로부터 / 심원한 곳에서 지속되는 대비**

　롱샹 교회(Chapelle Notre Dame du Haut, Ronchamp, 1955년)를 방문해 보

면 크게 덮어씌운 지붕이 가장 인상적이다. 무겁게 말려 올라가는 거대한 매스가 강력한 존재감을 과시하면서 방문자를 맞이한다. 그러나 '지붕이 전체를 지배한다'고 할 만큼 단순하지는 않다. 뒤로 돌아가면 지붕은 사라지고 두꺼운 탑이 울뚝불뚝 솟아 있어서 전혀 다른 표정이 된다. 물론 여기에 1920년대의 '투명한 확장'은 없다. 거대한 매스로 '덮어지는 것'과 직립하는 물체 '사이에 낀 것'이라는, 완전히 다른 공간 이미지가 등을 맞대고 있다. 정면의 '공중에 떠있는 수평성의 우위'와 후면의 '대지에 뿌리를 둔 수직성의 우위'가 대비되는 것을 느껴야 비로소 '전체'라고 부를 수 있는 효과를 알 수 있다.

분명 하얀 직육면체가 사보아 주택(1931년)의 인상을 결정하고 있지만, 보는 방향에 따라 표정의 변화도 크다. 접근로 쪽에서는 직육면체의 위에 있는 부가물이 보이지 않는다. 오히려 1층 부분이 전면으로 나와 시선을 끌고, 필로티의 효과는 약하다. 무게중심이 낮아서 '가장 안정된 입면형'이다. 정원 측에서는 이와 반대로 깊숙이 후퇴한 유리면으로 인해 1층 부분의 존재감이 약하고, '공중에서 완결되는 직육면체'의 효과가 극대화된다. 옥상에서는 자유로운 곡면의 주장이 두드러지고, 상부를 크게 '덮어씌운 효과'가 강하다. 주역인 '하얀 상자' 자체의 네 입면은 거의 같지만, 보조역이라 해야 할 1층 부분과 3층 부분이 정면과 후면에서 정반대의 역할을 보여 준다. 이것들은 1920년대의 좁은 미학의 범위 내에서 '대지에 뿌리내리는 것'과 '공중에 고립되는 것'의 대비를 극대화시킨다.

롱샹 교회는 작풍이 갑작스럽게 변모한 인상을 주어, 많은 사람들을 당혹스럽게 했다. 특히 초기의 하얀 상자형 작품과는 아주 동떨어진 것으로 보였을 것이다. 그러나 수십 년이 지난다 해도, 한 건축가의 창작세계가 100% 바뀐다고 생각하기는 어렵다. 다른 사람으로 변한 것이 아닌 이상 무엇인가 변

르 코르뷔지에, 롱샹 교회(1955년)

화하지 않는 것을, 조금이라도 형태에 연관된 문제로서 발견하려는 노력도 필요할 것이다. 언뜻 보면 대단히 커 보이는 변화도 변화되지 않는 부분을 기반으로 해야 가능해 지는 것이다. 확실히 슈보브 주택에서 사보아 주택이나 스위스 학생회관을 거쳐 롱샹 교회에 이르는 약 40년간의 변화는 현저하다. 그러나 공중에서 고립되는 것과 대지에 뿌리내리는 것이, 서로 등을 맞대고 병치되는 효과는 거의 '대비와 연속을 모두 받쳐 주는 원형질' 이라 할 수 있는 심원한 것임을, 반복하여 읽어낼 수 있었다. 그것은 구체적 표현을 넘어서는 것으로, 구상의 '배경' 부분의 공통성이라고 해도 좋다. 이처럼 상상력의 저변에 깔려 있는 지속적 부분에, 초기에는 투명한 기하학의 옷이 입혀졌고, 1950년대에는 여러 가지 의상이 입혀졌다. 언뜻 보면 자유롭고 조소적인 조형으로 완전히 덮는 일도 가능했던 것이다.

⑤ 형태적 문제의 양극단 : '부분' 으로부터 / 미미한 변형

파르테논 신전(The Parthenon, 기원전 448~432년)은 '열주가 보를 지지하는 것으로만 형성된 미' 의 전형이다. 그러나 "기계적으로 직선인 부재는 하

나도 없다"고 평가되듯이 '외양'에 관련된 여러 가지가 보정되어 있다. 기단도 보도 약간 곡선 상태이고, 미묘하게 부풀어 오른 기둥은 엄밀하게 말해 수직으로 서 있지도 않고, 간격도 다르다. 전체가 목표로 삼은 시각적 효과를 추구하기 위하여, 부분이 조금씩 조정된다. 이 '미미한 변형'은 가장 망막적* 의미에서의 '부분과 전체의 호응관계'라고 할 수 있다. '구축체가 보여 주는 미의 최고봉'이라 평가하기는 쉽지만, 무수한 유사작품 중에서 파르테논이 이처럼 돋보이게 된 이유는 심사숙고한 끝에 얻어진 결과이기 때문이다. 가장 넓게 일반화할 수 있는 미의 세계를 체현하는 고전주의적 의장에서조차 그것을 높은 수준에서 실현하기는 어렵다. 어떤 양식을 따르더라도 그 작품에 일회적인 질을 부여하고, 목표로 하는 전체 효과를 추구하기 위한 과제를, 다양하게 파악하고 해결하는 것이 필요하다. 양식적 기본, 법칙, 원리 등 어느 정도 일반화될 수 있는 형태의 문제는, 그 일회적인 완벽함에 이르는 개별적이고 구체적인 문제를 발견하기 위한 가이드라인에 불과하다는 생각까지 든다.

형태의 문제는 다양하다. 보자마자 알 수 있는 것에서부터, 관찰과 고찰 끝에 얻어지는 것까지 무수하게 다양하다. 그 중 한쪽 끝을 르 코르뷔지에의 작품을 통해 포착하려고 했다.(192쪽) 그것은 일종의 대비효과를, 구체적 성격은 잊어도 '신체가 느낀다'라고 할 수도 있는 형태를 기억하는 부분을 가리킨다. 실제 형태에서 환기되면서도 구체성을 희박하게 만드는 효과의 에센스, 존재감, 분위기 등과 같은 공간적 감각의 침전물이라고도 할 수 있다. 이런 형태적 긴장을 기억하고, 예술적으로 고양시키는 핵심 부분이 믿을 수

---

* '망막적網膜的(retinal)'이란 표현은 시지각의 작용 중 관념적 또는 사회적 의미와 연관되지 않은 시감각의 물리적 자극만을 강조한 것이라고 할 수 있다. 여기서는 경험과 기억에 따른 사고과정을 매개하지 않고 눈에 보이는 미세한 사항에, 즉각적으로 예민하게 반응하는 것을 의미한다. 역자 주.

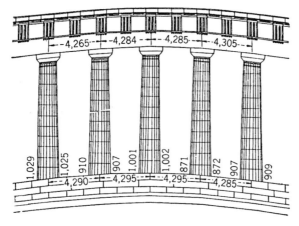

과장해서 그린 파르테논 세부의 왜곡 (『서양건축사도집』, 彰国社, 1965)

있는 상태로 남아있다면, 현실의 구상을 직접 리얼하게 받쳐 주는, 창작의 적
극적 계기가 될 것이다. 그것은 다의적인 공존을 받쳐주고, 구상의 기본적 변
화를 받쳐 줄 수 있는 형태적 감각의 원형질, '전체 이미지의 긴장'에 대한
기억이라고도 할 수 있다. 구체적 형태를 빌어 나타내는 구상의 심원한 부분,
발상의 모태라고 할 수 있는 시각적 상상력의 저변에 깔려 있는 발상영역이
기도 하다. 그것은 많은 작품을 보고, 만드는 경험에 의해 길러진다.

　또 다른 쪽 끝에는 '미미한 변형'으로 상징되는, 개별적이고 구체적으로
실제 작품을 볼 때의 직접적 효과에 관계되는 눈의 문제가 있다. 전자가 신체
적인 심원한 기억 부분에 깃들고, 발상영역을 지니고, 풍성함을 낳을 수 있는
구상의 골격을 받쳐 준다면, 후자는 가장 표층적인 눈의 긴장에 깃들고, 최종
단계에서 미세하게 조정되는 형태 판단을 받쳐 준다. 전자는 다양성을 저변
에서 지지해 주는 반면, 후자는 개별성을 추구한다. 이 책에서 살펴본 '표층
에서부터의 성장'과 같은 구체적 문제도, 이렇게 상상력의 저변 부분에서부

터 가장 망막적 단계에 이르는 스펙트럼 안에서 벌어진 사건이라고 할 수 있다. 창작에 연관된 형태적 상상력은 그런 양극단에서 길러지는 것이다.

⑥ 또 하나의 망막적 문제 : '부분' 으로부터 / '창' 의 양의성

예술심리학자 아른하임은 '(창이 갖는) 시선상의 패러독스' 를 언급한다. 기본적으로 " '배경背景' 위에서 둘러싸인 좁은 영역은 '전경前景' 이 될 수밖에 없는데, 벽에 구멍이 뚫린 경우도 마찬가지" 라는 모순이다. 입면도에서 '직사각형 창' 은 벽이라는 '펼쳐져 있는 배경' 을 깔고 있는 '전경' 으로서, 보다 충실한 존재로 보인다. 그러나 실제 건물에서 창은 구멍이며 '주위보다 속이 꽉 찬 전경' 으로 보기는 어렵다는 것이다. 그래서 "창의 도형적 성격을 확실하게" 하기에는 과거의 건축에 많은 '틀이 달린 창' 이 적합하다고 말한다. 윤곽을 두껍게 과장하면, 구멍 효과를 넘어 '직사각형 전경' 으로서의 존재감이 강력해진다는 것이다. 더 나아가 아른하임은 "가장 근본적인 변화는 근대건축" 때문이며, "(틀 없이) 단순하게 오려붙이기* 같은 근대의 창" 이 "지각적으로 혼란을 느끼게 한다" 고 지적했다. 특히 기둥과 보만이 외관을 지배하는 사무소 빌딩 같은 의장에서는 골조가 '전경' 이 되고, "창은 연속된 텅 빈 배경의 일부가 된다" 고 한다.** 여기에서도 망막적 레벨에 가까운 형태 문제가 있으며, 그것이 근대에서 첨예해졌다는 것을 알 수 있다. 실체가 없는 공허부분을 '적극적이고 충실한 존재' 로 간주하고, 구상하고, 구체적으로 표현한다는 소위 건축적 상상력의 기본 문제가 상징되고 있는 장면이라고 할 수 있다.

---

* 색종이 따위를 오려서 여러 가지 형태를 만드는 세공. 역자 주
** 루돌프 아른하임(Rudolf Arnheim, 1928~), 『미술과 시지각』 (김춘일 옮김, 미진사, 1995년)

틀이 달린 창   근대양식의 창

    이제까지 보았듯이 창은 다채롭게 풍부한 표정을 보여 주며, 전체에 대한
본질적인 문제도 제기할 수 있는 요소였다. 원래 안과 밖의 관계가 상징적으
로 집약되고, 자기 자신의 외피에 관계되는, 소위 공간적 상상력 중에서 가장
친밀한 부분의 미묘한 감각이 반영될 수 있는 부분이기도 하다. 창의 형태효
과가 이토록 풍부한 것은, 부동적 물체로서 쉽게 표정을 변화시킬 수 없는 벽
이나 기둥과 달리, 창의 외양이 위에서 말한 것처럼 애매하기 때문이라고 할
수 있다. 또한 '창이 밀어낸다', '창에서 침입한다' 고 하는 이미지는 '내부
와 외부가 다르다' 는 공간적 상상력에 근거를 둔 것이다. 하지만 내부와 외
부의 차이를 나타내는 효과가 최소화된 근대건축에서는 창의 중요성도 줄었
을 것이다. '내부와 외부가 균질한 것으로 느껴진다는 것' 은 '창에 관한 의
식의 변모' 를 가장 상징적으로 나타낸다. 50×50 하우스(20쪽) 같은 유리건
축은 근대양식에 있어서 '창의 가치저하' 를 극단적으로 밀고나간 것이다.
페레가 창에 인간의 모습을 겹친 것은, 근대의 창을 '전경' 으로 보려는 계기로서, '창의 죽음'에서 벗어나기 위한 회복방식 중 하나였을 것이다. '운동을 촉진시킬 수 있는' 르 코르뷔지에의 수평연속창도(161쪽), 인간에 대응하던 이전의 풍부함을 잃고, 또 이질적인 내부와 외부를 연결한다는 성격도 잃은 후에, 거의 유일하게 얻을 수 있었던 본질적 효과였다고 할 수 있다.

⑦ 현대건축의 양의성 : '부분'으로부터 / '전경이 되는 창'과 '골조'

도쿄역 앞에 세워진 오사카 빌딩(1967년)은 화강암 기둥에 알루미늄 주물로 된 스팬드럴을 짜맞춘 품위있는 작품으로, 주변을 압도하는 격조를 자랑한다. 무라노 토고*의 작품으로는 다소 수수하지만, 독특한 시각적 긴장을 주면서 건축형태에 연관된 기본문제도 드러내고 있다. 일반적으로 '전경'이 되기 어려운 창이 여기서는 독자적이고 적극적인 성격을 갖기 때문이다. 창의 중앙부분은 가는 테두리가 있을 뿐만 아니라, 돌출부로서 강조되어 있다. 본래는 공허에 가까운 유리면이, 양측의 움푹 파인(凹) 부분에 의해, 투명성을 유지한 채 적극적으로 돌출된(凸) 부분으로 강조되는 것이다. 아른하임이 '창을 죽인' 근대양식의 전형이라고 지적한(196쪽) 골조형의 의장을 기본으로 하지만, 두껍게 테두리를 붙이지 않고서도 창의 성격은 '전경'에 근접하고 있다. 통상적으로 기둥과 보만이 지배하는 입면에서는, 골조의 배경이 되는 내·외부의 균질함만이 인상을 지배할 것이다. 그러나 오사카 빌딩의 돌출된(凸) 창은 눈에 띄게 두드러진 것으로, 존재감을 갖고 외관을 지배하는 주도권을 다투는 등, 거의 구축체와 동등할 정도로 자신을 주장하고 있다. 기본은 다소 평범한 의장으로 된 사무소 빌딩이 독특한 복잡함으로 인해 풍부한 표정을 보여 주는데, 그 바탕에는 '전경과 배경'이 균형을 이루는 시각적

---

*村野藤吾 (1891~1984년)

무라노, 오사카 빌딩(1967년)

긴장효과가 있다. 더 나아가 돌출된(凸) 부분의 양 옆 움푹 파인(凹) 부분이 나타내는 좁고 긴 직사각형의 반복은, 페레가 좋아하는 '수직창'을 암시하고 있다. 거의 표층적인 눈의 효과에 관계되는 처리만으로, 복수의 건축 이미지가 중첩되는 소위 다의적인 공존 효과에 도달한 것이다.

1920년대에 페레는 '골조 형'과 '수직창을 갖는 상자형'이라는 두 종류의 건축 이미지가 병치되는 것에서부터 통합에 이르는 과정을 보여 주었다. 근대적인 공간 이미지나 건축 의장이 형성되던 시기에 자기 나름대로 문제를 포착하고 실천하였던 것이다. 해군군수공장(140쪽)에서는 두 종류의 건축 이미지가, 부분이 나타내는 '기둥과 벽의 양의성'이라는 망막적 긴장을 기본으로 균형을 이루고 있다. 반면 오사카 빌딩의 양의성은, 근대양식에 의해 첨예화된 창이 본래적으로 '벽에 대하여 갖는 양의성'을 기본으로 한다. 점차 골조만으로 이루어지는 건축으로 변해가면서 잃게 된 '인간적 스케일의 창'이라는 효과도 회복된다는 점에서, 페레의 경우와 같다.

근대건축은 투명성을 기본으로 창과 골조라는 건축형태의 본질적 문제를 드러내고, 노골적인 태도로 물어온다. 문제를 이렇게 순수하게 만들면, 거의 망막적 레벨에서의 양의성이라는 형태효과가 더 중요해진다. 여기에서도 '애매해 보이는 외양' 이라는 눈에 연관된 극히 미묘한 문제가, 최종적인 형태적 결정 이상의 의미를 지니게 된다. 파르테논 신전의 열주와 마찬가지로 한 종류의 형태효과를 추구하는 것과는 또 다른 레벨에서의 미묘한 조정이 필요해진다. 그것은 한편으로 망막적 문제가 구성에 연관된 부분과 직접 연결될 수 있다는 것을 시사하는 것이기도 하다.

⑧ '기울어진 면' 과 '밑이 가는 기둥' : '부분' 으로부터 / 밀착되는 주두

이소자키 아라타*의 오이타 현립도서관(1966년)을 평한 미야우찌 요시히사** 는 "리브가 붙어 있는 콘크리트 벽면이 아주 꽉 조여져 보였"는데, 그것은 "거의 분별하기 어려울 정도로 조금 안쪽으로 기울어져 만들어진 탓"이라는 걸 알게 되었다고 썼다. 이것을 발견한 순간 그는 설계자인 이소자키가 아니라, "'사물은 작은 것이 중요하다' 라고 말한 무라노"의 얼굴을 떠올렸다고 하였다.*** 당시에는 젊었고 아무리 봐도 완성되지 않은 아주 거친 조형의 박력이 눈에 띄는 작품에서 '미미한 변형' 이라 할 만한 섬세한 배려를 발견하고, 거꾸로 노련의 극치라고 할 수 있는 명장을 연상했다는 것이다.

예를 들면 고전주의의 기둥은 위로 갈수록 조금씩 가늘어지는 것이 기본이다. 챔버스의『공공건축론』(112쪽)에는 아래에서 1/4~1/3의 위치에서부터 위로 서서히 가늘어져서, 맨 위의 직경이 하부의 7/8~5/6가 되도록 하라고

---

* 磯崎新(1931~)〈현재 오이타 현립도서관은 1995년 이소자키가 설계한 것이며, 본문에서 말하는 1966년의 구 도서관은 현재 아트 플라자로 사용되고 있다. 역자 주〉
** 宮内嘉久(1926~)
*** SD 6610

페레, 공공사업박물관(1938/46년)

적혀있다. 그렇지 않으면 위가 두꺼워 보인다는 것이다.

페레의 국유동산보관소(54쪽)나 공공사업박물관(55쪽)에서는 반대로 아래로 내려가면서 가늘어지는 기둥이 눈에 띈다. 고전주의자 페레는 해군군수공장(54쪽)을 완공한 이후 말년에 이르기까지 같은 모양의 기둥을 사용했다. "자신만의 오더를 모색했던 것은 부정할 수 없다"*고 말하는 페레가 기둥에 대해 결론적으로 부여한 의미가 느껴진다. "아래로 내려가면서 가늘어지는 형을 채용하기까지 상당히 망설였던 것 같은데, 철근 콘크리트의 일체성을 표현하기 위해 일부러 사용했다고 하며, 이집트에서 본 커다란 종려나무가 직접적인 힌트였다고 한다."* 과거의 돌이나 벽돌이라면 분절된 주두柱頭가 자연스럽겠지만, 종려나무의 위로 뻗어오르는 힘이, 콘크리트에 상응하는 접점으로 표현되면서, 독특하게 연속되는 주두가 나오게 되었다. 여기서 세기말의 자취마저 엿볼 수 있다. 페레는 "이것은 주두가 아니라, 이음

---

* 요시다 코이치(吉田鋼市), 『オーギュスト・ペレ』 앞의 책

매"라고 설명했다고 한다. 이처럼 간략해져서 보에 밀착된 듯한 표정을 지닌 주두와, 플루팅으로 처리되어 고전적이면서 전체적으로 아래로 내려가면서 윤곽이 가늘어지는 주신柱身에서 서로 호응하는 의미가 느껴진다. 챔버스는 주두가 가장 눈을 끌기 때문에 끝을 가늘게 하지 않는 기둥은 위가 굵어 보이게 된다고 이유를 설명했다. 이런 망막적 사실을 역전시켜서 이 기둥이 구상되었다고 생각할 수 있다. 새로운 재료를 고전적 의장과 화해시킬 때, 눈의 습성을 역으로 적용해서 새로운 구상을 이끌어냈다고 할 수 있다.

어떤 양식을 채용한다 해도 한쪽으로 끝까지 밀고 나가면 눈에 연관된 문제가 자리를 차지하고 있다. 근대건축의 혁명은 이 미묘한 문제까지도 철저하게 다시 물은 것이다. 직선이 노출형으로 보다 순수하게 드러난 상황에서는, 직선이 아름다워 보이려면 직선이 아니어야 한다는 시각의 미묘한 습성이 더 중요해지고, 역으로 구상까지 규정하기 시작한다는 것을 알 수 있다.

⑨ '고차원의 형태적 문제' 로 : '창작론' 의 구상

창작이란 넓은 의미에서 '뛰어난 작품' 을 목표로 진행하는 것이다. '뛰어난 작품' 에 이르는 여러 가지 단서가 '창작론' 이 된다. 고찰 대상으로 르 코르뷔지에나 페레를 선택한 이유는 '건축형태로서 높은 수준의 질' 을 해명하기 위한 것이다. 눈에 띄게 돋보이는 작품을 '천재적 직관이 낳은 예외적 실현' 이라고 하면 '형태론' 은 성립하지 않는다. 천재란 설명 불가능한 형태세계를 만들어 내는 능력이 아니다. 외부적 조건 등의 통상적인 이유로는 설명하기 어려운 소위 '고차원의 형태적 필연' 에 도달하는 능력이라는 것이 타당할 것이다. 희귀한 창작력으로 철저하게 검토된 형태에는 가장 고차원적

＊위의 책

인 필연성이 집약되어 있다. 인간이 형태를 창조할 때 궁극적으로 취해야 할 자세가 바로 여기에서 발견된다.

뛰어난 작품은 '고차원의 형태적 문제'와 연관된 결과라고 했다. 따라서 뛰어난 작품에는 '고차원의 형태적 해결'이 집약되어 있다. 그것이 형태론의 전제이다. 창작과정이란 개별적이고 일회적인 수준 높은 문제를 발견하고, 도달하기 어려운 형태적 해결을 낳는 장이다. 아무리 예상을 벗어난 비약일지라도 건축가에게 결과는 필연일 것이다. 형태적 생명력의 필연이라고 말해도 좋다. 과정은 결코 논리적인 것도 단계적인 것도 아니지만, 결과로부터 뒤돌아보면, 모든 것은 필연적인 과정이 된다. 자신이 만들어 낸 형태세계의 궁극은 이럴 수밖에 없다고 확인할 수 있을 때에만 창작이 끝나는 것이다.

모든 건축에서 공통적으로 발견되는 특징도 중요할 것이다. 그러나 도달하기 어려운 '창작'의 본질은 가장 수준 높은 소수의 가능성 안에서 볼 수 있는 것이다. 쉽게 예측할 수 있는 문제와 달리, 설명하기는 어렵지만, 인간이 형태를 구상하고 성장시키는 능력에 수반되는 수준 높은 세계도 존재한다. 이 전제는 창작의 희귀한 부분에 공통적인 것이다. 작가론이나 작품론의 의의이기도 하다.

근대건축은 과거의 고전양식과 달리, '형태의 규범'을 거부하는 것에서 시작되었다. 구체적 규정이 약하면 오히려 법칙이나 원리 등의 실천적 의미를 보다 더 신뢰하게 된다는 면도 있지만, 다른 한편으로는 개개의 구체적 시도를 일회적인 예술적 완성으로 끌어 올리려는 노력에서 창작론의 단서를 발견하게 된다. 근대건축 성립기를 대상으로, '부분'으로부터, '전체'로부터, 다양한 형태의 힘이나 독자적인 눈의 긴장을 포착해 봄으로써 동시에 '개별적으로 질을 높이는 과정'에도 근대 특유의 문제가 있음을 알 수 있다. 그것은 배경이나 환경보다는 결과 쪽에서 보다 풍부하게 읽어 낼 수 있다는 것을 단적으로 보여 준다. 이렇게 해서 구상적·전제적·양식적 문제에 결과에서 고찰한 것을 결합한 창작론의 가능성을 발견할 수 있다. 구체적 규범에 대한 신뢰가 약할수록 창작론은 그대로 형태론이 된다. 역사는 이러한 '고차원의 창작적 문제'만으로 이루어진 연쇄라고도 할 수 있다.

참고문헌

1) James S. Ackerman, 『Palladio』 Penguin Books Ltd, 1966, 5쪽 왼쪽.

2) A. B. Brown, 『Louis Sullivan』 G. Braziller. Inc. 1960, 57쪽, 58쪽, 62쪽.

3) . Gargiani, 『PERRET LA THEORIE ET LOEUVRE』 Gallimare/Electra, 1994, 73쪽 오른쪽, 82쪽, 83쪽.

4) 『Le Corbusier』 Verlag Dr. H. Girsberger & Zurich, 1930, 13쪽, 16쪽, 65쪽, 76쪽 오른쪽, 85쪽.

5) G. H. Baker, 『Le Corbusier』, Van Nostrand Reinhold, 1989, 88쪽.

6) 르 코르뷔지에, 『건축예술로』 (宮崎謙三 일역, 構成社書房) 1929, 87쪽.

7) 스타모 파파다키(Stamo Papadaki) 편, 『르 코르뷔지에 작품집』 (生田勉 일역, 미술출판사) 1979, 94쪽, 96쪽.

8) 현대주택 1933-40, 국제건축협회, 60쪽 오른쪽.

9) 『서양건축사도집』 彰国社, 1965, 107쪽.

10) 오장팡 + 르 코르뷔지에, 『근대회화』 (吉川逸治 일역, 鹿島出版会, 1968) 89쪽.

11) 국제건축 1967년 1월호, 미술출판사 8쪽, 9쪽.

12) 건축 1962년 5월호, 청동사, 73쪽 왼쪽.

13) 건축 1964년 11월호, 청동사, 60쪽 왼쪽.

14) 건축 1969년 10월호 중외출판주식회사 11쪽.

15) A+U 1983년 1월호 증간호 10쪽.

16) A+U 안토니오 가우디, 1977, 51쪽.

17) 건축세계 1939년 2월호, 50쪽.

지은이 에치고지마 켄이치 越後島研一

1950년 가나가와현 출생
1974년 와세다 대학 이공학부 졸업
1981년 도쿄대학 대학원 박사과정 수료
현재 도쿄대학 공학부 연구조교,
에치고지마 설계사무소 대표, 공학박사
지은 책으로 『건축순례 10 ─ 세기말 속의 근대』, 『건축순례 28
─ 건축형태의 세계』가 있다.

옮긴이 박정선

성신여자대학 수학과와 일어일문학과 졸업, 문학석사
성신여대, 한성대, 한국체육대 등 일본어 강사 역임
번역가
옮긴 책으로 『세계건축산책 2 ─ 안드레아 팔라디오』가 있다.

세계 건축산책 7

건축형태론 _ 세기말, 페레, 르 코르뷔지에

지은이 | 에치고지마 켄이치
옮긴이 | 박정선
펴낸이 | 최미화
펴낸곳 | 도서출판 르네상스

초판 1쇄 인쇄 | 2006년 7월 25일
초판 1쇄 펴냄 | 2006년 7월 30일

주소 | 110-801 서울시 종로구 계동 140-50 3층
전화 | 02-742-5945
팩스 | 02-742-5948
메일 | re411@hanmail.net
등록 | 2002년 4월 11일, 제13-760

ISBN 89-90828-37-6 04610
      89-90828-17-1 (세트)

* 잘못된 책은 바꿔 드립니다.